JN041022

SAITAMA

47 都道府県ご当地文化百科

埼玉県

丸善出版 編

丸善出版

刊行によせて

　「47都道府県百科」シリーズは、2009年から刊行が開始された小百科シリーズである。さまざまな事象、名産、物産、地理の観点から、47都道府県それぞれの地域性をあぶりだし、比較しながら解説することを趣旨とし、2024年現在、既に40冊近くを数える。

　本シリーズは主に中学・高校の学校図書館や、各自治体の公共図書館、大学図書館を中心に、郷土資料として愛蔵いただいているようである。本シリーズがそもそもそのように、各地域間を比較できるレファレンスとして計画された、という点からは望ましいと思われるが、長年にわたり、それぞれの都道府県ごとにまとめたものもあれば、自分の住んでいる都道府県について、自宅の本棚におきやすいのに、という要望が編集部に多く寄せられたそうである。

　そこで、シリーズ開始から15年を数える2024年、その要望に応え、これまでに刊行した書籍の中から30タイトルを選び、47都道府県ごとに再構成し、手に取りやすい体裁で上梓しよう、というのが本シリーズの趣旨だそうである。

　各都道府県ごとにまとめられた本シリーズの目次は、まずそれぞれの都道府県の概要（知っておきたい基礎知識）を解説したうえで、次のように構成される（カギカッコ内は元となった既刊のタイトル）。

　Ⅰ　歴史の文化編
　　「遺跡」「国宝 / 重要文化財」「城郭」「戦国大名」「名門 / 名家」
　　「博物館」「名字」
　Ⅱ　食の文化編
　　「米 / 雑穀」「こなもの」「くだもの」「魚食」「肉食」「地鶏」「汁

物」「伝統調味料」「発酵」「和菓子／郷土菓子」「乾物／干物」
　Ⅲ　営みの文化編
　「伝統行事」「寺社信仰」「伝統工芸」「民話」「妖怪伝承」「高校
　野球」「やきもの」
　Ⅳ　風景の文化編
　「地名由来」「商店街」「花風景」「公園／庭園」「温泉」

　土地の過去から始まって、その土地と人によって生み出される食
文化に進み、その食を生み出す人の営みに焦点を当て、さらに人の
営みの舞台となる風景へと向かっていく、という体系を目論んだ構
成になっているようである。
　この目次構成は、一つの都道府県の特色理解と、郷土への関心に
つながる展開になっていることがうかがえる。また、手に取りやす
くなった本書は、それぞれの都道府県に旅するにあたって、ガイド
ブックと共に手元にあって、気になった風景や寺社、歴史に食べ物
といったその背景を探るのにも役立つことだろう。
　　　　　　　　＊　　　　　＊　　　　　＊
　さて、そもそも47都道府県、とは何なのだろうか。47都道府県
の地域性の比較を行うという本シリーズを再構成し、47都道府県
ごとに紹介する以上、この「刊行によせて」でそのことを少し触れ
ておく必要があるだろう。
　日本の古くからの地域区分といえば、「五畿七道と六十余州」と
呼ばれる、京都を中心に道沿いに区分された8つの地域と、66の「国」
ならびに2島に分かつ区分が長年にわたり用いられてきた。律令制
の時代に始まる地域区分は、平安時代の国司制度はもちろんのこと、
武家政権時代の国ごとの守護制度などにおいて（一部の広すぎる国、
例えば陸奥などの例外はあるとはいえ）長らく政治的な区分でも
あった。江戸時代以降、政治的区分としては「三百諸侯」とも称さ
れる大名家の領地区分が実効的なものとなるが、それでもなお、令
制国一国を領すると見なされた大名を「国持」と称するなど、この
区分は日本列島の人々の念頭に残り続けた。
　それが大きく変化するのは、明治維新からである。まず地方区分

は旧来のものにさらに「北海道」が加わり、平安時代以来の陸奥・出羽の広大な範囲が複数の「国」に分割される。政治上では、まずは京・大阪・東京の大都市である「府」、中央政府の管理下にある「県」、各大名家に統治権を返上させたものの当面存続する「藩」に分割された区分は、大名家所領を反映して飛び地が多く、中央集権のもとで中央政府の政策を地方に反映させることを目指した当時としては、極めて使いづらいものになっていた。そこで、まずはこれら藩が少し整理のうえ「県」に移行する。これがいわゆる「廃藩置県」である。これらの統合が順次進められ、時にあまりに統合しすぎて逆に非効率だと慌てつつ、1889年、ようやく1道3府43県という、現在の47の区分が確定。さらに第2次世界大戦中の1943年に東京府が「東京都」になり、これでようやく1都1道2府43県、すなわち「47都道府県」と言える状態になったのである。これが現在からおよそ80年前のことである。また、この間に地方もまとめ直され、京都を中心とみるのではなく複数のブロックで扱うことが多くなった。本シリーズで使っている区分で言えば、北海道・東北・関東・北陸・甲信・東海・近畿・中国・四国・九州及び沖縄の10地方区分だが、これは今も分け方が複数存在している。

　だいたいどのような地域区分にも言えることではあるのだが、地域区分は人が引いたものである以上、どこかで恣意的なものにはなる。一応1500年以上はある日本史において、この47都道府県という区分が定着したのはわずか80年前のことに過ぎない。かといって完全に人工的なものかと言われれば、現代の47都道府県の区分の多くが旧六十余州の境目とも微妙に合致して今も旧国名が使われることがあるという点でも、境目に自然地理的な山や川が良く用いられているという点でも、何より我々が出身地としてうっかり「○○県出身」と言ってしまう点を考えても（一部例外はあるともいうが）、それもまた否である。ひとたび生み出された地域区分は、使い続けていればそれなりの実態を持つようになるし、ましてや私たちの生活からそう簡単に逃れることはできないのである。

＊　　　＊　　　＊

　各都道府県ごとにまとめ直す、ということは、本シリーズにおい

ては「あえて」という枕詞がつくだろう。47都道府県を横断的に見てきたこれまでの既刊シリーズをいったん分解し、各都道府県ごとにまとめることで、私たちが「郷土性」と認識しているものがどのようにして構築されたのか、どのように認識しているのかを、複数のジャンルを横断することで見えてくるものがきっとあるであろう。もちろん、47都道府県すべての巻を購入して、とある県のあるジャンルと、別の県のあるジャンルを比較し、その類似性や違いを考えていくことも悪くない。あるいは、各巻ごとに精読し、県の中での違いを考えてみることも考えられるだろう。

　ともかくも、地域性を考察するということは、地域を再発見することでもある。我々が普段当たり前だと思っている地域性や郷土というものからいったん身を引きはがし、一歩引いて観察し、また戻ってくることでもある。有名な小説風に言えば、「行きて帰りし」である。

　本シリーズがそのような地域性を再発見する旅の一助となることを願いたい。

2024年5月吉日　　　　　　　　　　　　　　　執筆者を代表して

　　　　　　　　　　　　　　　　　　　　　森 岡　　浩

目　　次

知っておきたい基礎知識　1

基本データ（面積・人口・県庁所在地・主要都市・県の植物・県の動物・該当する旧制国・大名・農産品の名産・水産品の名産・製造品出荷額）／県章／ランキング1位／地勢／主要都市／主要な国宝／県の木秘話／主な有名観光地／文化／食べ物／歴史

I　歴史の文化編　9

遺跡 10 ／国宝/重要文化財 16 ／城郭 22 ／戦国大名 27 ／名門/名家 31 ／博物館 35 ／名字 43

II　食の文化編　49

米/雑穀 50 ／こなもの 57 ／くだもの 63 ／魚食 67 ／肉食 69 ／地鶏 74 ／汁物 79 ／伝統調味料 85 ／発酵 89 ／和菓子/郷土菓子 94 ／乾物/干物 100

III　営みの文化編　103

伝統行事 104 ／寺社信仰 110 ／伝統工芸 116 ／民話 122 ／妖怪伝承 127 ／高校野球 133 ／やきもの 139

IV　風景の文化編　143

地名由来 144 ／商店街 150 ／花風景 156 ／公園/庭園 162 ／温泉 166

執筆者 / 出典一覧　168
索　引　170

【注】本書は既刊シリーズを再構成して都道府県ごとにまとめたものであるため、記述内容はそれぞれの巻が刊行された年時点での情報となります

埼　玉　県

▐知っておきたい基礎知識▐

- 面積：3797km²
- 人口：732万人（2024年速報値）
- 県庁所在地：さいたま市
- 主要都市：川越、熊谷、川口、秩父、春日部、深谷、行田、所沢、草加、上尾など
- 県の植物：サクラソウ（花）、ケヤキ（木）
- 県の動物：シラコバト（鳥）
- 該当する旧制国：東海道武蔵国（主要部）と下総国（隅田川以東、但し一部地域〔北葛飾郡杉戸町、春日部市の一部など〕を除き、1686年以降は武蔵国）
- 該当する大名：徳川幕府（徳川氏）、川越藩（酒井家、秋元家、松平家など）、忍藩（松平家など）
- 農産品の名産：サトイモ、ネギ、カブ、コマツナなど
- 水産品の名産：ホンモロコなど
- 製造品出荷額：12兆8630億円（2020年経済センサス）

●県　章

16個の勾玉を円状に並べたもの。埼玉県の名の由来である埼玉郡には埼玉古墳群があり、また郡名からも玉が連想されることから、古代の「玉」の代表格である勾玉がモチーフとなった。

●ランキング1位

・川　幅　川幅の測り方が「河川敷を含めた堤防と堤防の間」であることが原因となり、鴻巣市～吉見町間の荒川は、河の水域の幅は100m程度であるにもかかわらず、川幅であれば2537mに及んでいる。ただしこれは裏を返せば、その程度広く万が一の場合の遊水地を確保せねばならないほどに洪水が深刻だったということでもあり、吉見町周辺の一帯では古くから度々出水や、堤防建設に絡んでの周辺地域との争いが伝えられている。実際、荒川の洪水は関東平野、さらに下流の隅田川を介して江戸・東京にまで度々大規模な水害をもたらしている。

●地　勢

　南関東1都3県の一つであり、県土は関東平野の中央部と秩父山地の一帯を占める。最大の平地である関東平野部は東京の北の郊外部にあたるが、大まかにはその中でもさらに東部に広がる沖積低地と、山沿いから中央部にかけて広がる台地状の部分に大別される。このため、台地の部分は武蔵野と呼ばれる原野が古くは広がり、川沿いの一部地域を除き江戸時代に急速に新田開発がなされた。沖積平野を主に構成するのは北部の県境を北から西へ流れる利根川と、秩父地区の内陸に水源を発して西へ流れる荒川、またかつての利根川の流路である江戸川などの水系である。この影響で古くは低湿地がこの一帯に多く、現在でも洪水が警戒されている。

　海岸線は内陸部のため存在しないが、水域としては南部狭山丘陵にある溜池である狭山湖が存在する。

　山岳地帯は主に県の西部に秩父山地、さらにその奥に連なる関東山地が存在する。山中の三峰山は山岳信仰でも知られている。また、古くは江戸への木材産地としても知られてきた。

●主要都市

・さいたま市（浦和地区）　埼玉県県庁所在地であり、2001年の合併によるさいたま市成立以前には、かつての浦和市の一帯。古くは中山道の宿場町に由来するが、急速な発展は関東大震災の後、東京から移住してきた人々が多くなったことによる。当時は池や沼も多く、文人の居住が多いことでも知られていた。

・**さいたま市（大宮地区）** 旧武蔵国有数の古社である氷川神社の門前町かつ中山道の宿場町に由来する都市。明治時代になってから、東北本線と中山道方面鉄道の分岐点になったことによって、鉄道の町として急速に発展した。「さいたま新都心」はかつての大宮操車場の跡地に形成されたものである。

・**さいたま市（与野地区）** もともとは鎌倉街道の上道と中道をつなぐ道上の市場に始まり、近世に入って浦和や川越、甲州道中と奥州道中・中山道をつなぐ脇往還上の交通の要衝として発展した。ただし現在の行政地名は「さいたま市中央区」である。

・**さいたま市（岩槻地区）** すでに鎌倉時代からあったという岩槻城の城下町に由来する都市。2005年にさいたま市と合併した。埼玉県の県庁設置を巡る争いは有名だが、江戸時代には重要な城の一つであった岩槻も、その候補に挙がったうちの一つであった。

・**川越市** 鎌倉時代には入間川のほとりが中心地であったものが、戦国時代以降、より南にある今の川越城のあたりが中心になった。現在の市街地もこの川越城の城下町によるが、江戸の北の守りとして重視され、かつ物流の要所として栄えた。現在も「小江戸」と称される街並みが残る。

・**熊谷市** 現在の都市は中山道の宿場町にして利根川水運や秩父方面への脇往還の分岐点に栄えた町に由来するが、古くから「平家物語」でも有名な熊谷直実の本拠地となるなど、武士団でも有名であった。現在でも県北部地域の中心地であるが、一方で内陸故の夏の酷暑が有名。

・**川口市** 中山道と奥州道中をつなぐ脇往還の「日光御成道」沿いに成立した宿場町に由来する、東京のベッドタウン。現在も残る鋳物業や植木業も江戸の近隣故に栄えた。

・**秩父市** 中心部は古くは「大宮郷」と呼ばれて、秩父神社の門前町として知られた一帯。荒川に沿った山々や川沿いには、名勝長瀞をはじめとして地質的に有名な景観が多い。

●主要な国宝

・**歓喜院聖天堂** 熊谷市妻沼にある江戸時代中期（1760年頃）の多彩色の装飾を持つ寺社建築。聖天堂自体の建設は平安時代にまでさかのぼると伝えられ、現在の多彩な装飾は、上野（群馬）に本拠をおき、日光東照宮の修繕にも携わった工匠のものも含まれている。妻沼はこの歓喜院の門

前町、かつ利根川の河岸と渡船場によって栄えた小都市であり、上野からの参加という点にはうなずける。

・稲荷山古墳出土鉄剣　県中部の埼玉古墳群の一つ、稲荷山古墳で出土した鉄の直剣。最大の特徴は判読できる文章として文字が残っていることで、それによれば「ヲワケの臣」という人物が「ワカタケル（獲加多支鹵）大王」に仕えたらしい。「ワカタケル大王」は5世紀の天皇と比定されており、鏡や鈴といった他の副葬品と共に、古墳時代の実情を示す貴重な資料として知られている。

●県の木秘話

・ケヤキ　日本各地にみられる代表的な広葉樹。埼玉県にもいくつか「大ケヤキ」と称せられるものがあるが、所沢航空公園の近くには、全国で最も長いケヤキ並木がぞんざいする。

・サクラソウ　その名の通り桜色の花を咲かせる草。大規模な群生地がさいたま市の田島ヶ原にあり保護されている。この草は湿気が多い環境を好む傾向にあるが、このあたりは古くは荒川の氾濫原や谷間の湿地が多く、近隣の見沼田んぼも江戸時代にここにあった「見沼」という沼を干し上げて形成された新田である。

●主な有名観光地

・川越城下町　小江戸と称されるほど栄えた街並みは、東日本で唯一現存する本丸御殿、時の鐘といった江戸時代を思わせるものや、明治時代の大火後の再建となる黒壁蔵造の建物群に洋風建築といった要素からなる。早くから街並み保存にも取り組んできた。

・長瀞　荒川に沿って広がる岩畳や急流下り、紅簾片岩やポットホールといった地質景観上の奇勝が有名なエリア。秩父地方はこれ以外にも、石灰石採掘によって山容が変化した武甲山や、市域をなす河岸段丘、和同開珎の原料となった銅の採掘地など地質的に貴重なものが多い。

・吉見百穴と埼玉古墳群　県中部地域に集中する古墳群。前者は古墳時代後期の横穴墓群で、後者の前方後円墳も同時代のものらしい。先述の通り、鉄剣の出土で知られている。なお、近隣には小説『のぼうの城』でも有名になった水攻めの舞台、忍城があるが、その攻め手となった石田三成が陣を置いたのも、古墳の一つである丸墓山であることが知られている。

●文　化

・**大宮の盆栽**　関東大震災で東京から移転した業者が大宮に居を構えたことに始まり、現在でも「盆栽村」と称される大規模な同業者町が広がっている。

・**秩父夜祭**　秩父市中心部「大宮郷」の名の由来である秩父神社の祭りに連なって300年以上の歴史を持ち、巨大で豪華な曳山で有名だが、同時に冬場12月はじめの夜中にやることでも有名である。古くはこの時期に秩父名産の絹取引の市が行われ、それによっても盛大になったと伝えられている。

・**小川和紙**　比企郡小川町は和紙の大産地として江戸時代に知られていた。付近で獲れる楮を使った和紙が、大消費地である江戸まで移出され、また小川町にも紀州（和歌山県）などの紙すき技術が移入されたのである。これを背景としてユネスコ無形文化遺産に登録されている。なお、奈良時代に、渡来人がもたらした製紙技術によるとみられる紙が武蔵国から献上された記録があるが、これを直接的に小川和紙の起源としてよいのかははっきりしない。

●食べ物

・**サツマイモ**　現在産出量は多くないものの、川越周辺はサツマイモの名産地として知られており、これを使用した銘菓も多い。江戸時代に武蔵野台地で栽培がひろがり、また川越から新河岸川によって江戸へと移出したことにより、川越が集散地として知られるようになった。

・**うどん**　豚肉とネギを入れた汁につけて食べる肉汁うどんが最近は有名になっているが、埼玉県を中心に関東平野の一帯（群馬県なども含む）にかけては、米との二毛作として江戸時代から盛んに栽培されていた。現在でも、埼玉県北部は小麦の大産地としてしられている。

・**草加せんべい**　日光街道（奥州道中）の宿場町草加の名産として知られている堅焼き煎餅。米作地だった周辺一帯の農家が、草加宿を使う旅人向けに売り始めたことがきっかけとされているが、急に有名になったきっかけは、大正天皇が埼玉県内で行われた陸軍の演習に出席した際に献上されたことにある。ちなみに、「天皇に献上したことで有名になった」食べ物は、明治天皇以来、全国に見られる。

・狭山茶　東京近郊の茶所としてしられる南部の狭山丘陵での茶の生産はすでに鎌倉時代にはあったと伝えられているが、その生産が本格的になったのは1800年代以降のことである。「味は狭山」とよばれる茶葉は、日本の主な茶産地の中では北方に位置することによる葉の厚みと、火入れなどの製法によって作られる。また、江戸・東京に近いという位置は、開国後にいち早く販路を築くという幸運ももたらした。

●歴　史

●古　代

　縄文海進において関東平野の内陸部まで海が入り込んだ際、埼玉県にも多数の入江が存在したらしい。それ以降の陸化した時代になると、吉見百穴、埼玉古墳群といった古墳群が発見されている。特に埼玉古墳群（行田市）は狭い範囲に大型の前方後円墳が集中していること、また国宝にも指定された鉄剣が発見されていることでも知られている。

　武蔵国は五畿七道が設けられた当時、東山道の一国とされた。これは当時、東海道の方が後の東京湾海上を渡るルートを本道としていたことによる（このルートだと武蔵を通過しない）。ところが、この結果として東山道の各国に向かう公用のあるものは、上野（群馬県）からいったん武蔵南部にある国府（東京都府中市）まで南下したうえで同じ道を戻って下野（栃木県）に向かうという大回りルートを余儀なくされることになった。この不便さと、武蔵国府と下総国府（千葉県市川市と推定）の間が比較的近いことも相まって、771年に武蔵国は東海道に属するように変更された。

　武蔵は東国の中では重要視された国であった。早い段階で養蚕と織物の技術が伝えられていたために絹の産地であり、また奈良時代初期には近畿の朝廷によって高句麗や百済など朝鮮半島の国々から渡来した人々が移住させられるなど、大陸系とのつながりが強い一帯であった。高麗郡（日高市周辺）、新座郡（現在の新座市周辺で、奈良時代には「新羅郡」）の設置はこの移住による。

●中　世

　平安時代以来の荘園の開発に伴って、武蔵には後に「武蔵七党」とも呼ばれる多数の武士団が成立していた。これは田畑の開発、という一面もあ

るが、台地が広がる武蔵は馬の生育にも適していたため、牧（牧場）が多数開かれたためでもあった。この流れをくむ有名な武家には畠山氏などがある。また、比企郡の一帯を支配した比企氏などのように、平安時代末期の武将である源義朝に従う中で勢力を確立した武家も存在する。その源義朝の子、源頼朝が開いた鎌倉幕府にも、この地方の武士が多数参加した。先述の比企氏出身であり、北条氏に謀殺された重臣比企能員(ひきよしかず)などは有名である。また、このため上野(こうづけ)・奥州方面と鎌倉とをつなぐ鎌倉街道が県内に複数確立し、近世中山道の開通に至るまでこの地方の主要交通路であり続けた。

　そのうちの一つ、本庄・入間経由で鎌倉へと向かう上道に沿って新田義貞が鎌倉へと攻め寄せたことで、鎌倉は1333年に陥落し、鎌倉時代は終わりを迎える。しかしそれから数十年ほど続く南北朝の動乱の中で、鎌倉への街道を有する埼玉県内は、引き続き、小手指(こてさし)などがたびたび合戦の舞台となった。武蔵各地には引き続き武士団が割拠する。

　そして南北朝の騒乱が落ち着いたのもつかの間、15世紀中盤には今度は鎌倉公方(かまくらくぼう)（東国を管轄する室町幕府の出先機関「鎌倉府」の長官）と関東(かんとう)管領(かんれい)（鎌倉府の次官）の間の戦い「享徳(きょうとく)の乱(らん)」の中、同じく鎌倉街道を奪われることを警戒した関東管領上杉氏によって、五十子(いかっこ)（本庄市）に城のような陣営が設けられ、20年にわたるにらみ合いの舞台となる。その後も、後北条氏が相模から北上して県内の川越城を確保して（河越の夜戦、1546年）武蔵全域に支配を及ぼし、豊臣秀吉の小田原攻めにおいても埼玉県域に侵攻した軍は北から小田原に向けて諸城の制圧を進めるなど、南北の道を巡る争いは結局戦国時代の終わりまで続いた。

●近　世

　江戸城とその城下町建設により事実上の首都近郊地域となった埼玉県域では、その北の守りの要として川越城が改修された。並行しての新河岸川(しんがしがわ)などの整備もあって、現代まで残る「小江戸」川越の基盤が築かれる。また従来の鎌倉街道に変わる南北の街道として、江戸から浦和・大宮・桶川・鴻巣・深谷・熊谷・本庄を経由して上野に抜ける中山道、千住に発して東部の沖積低地を草加・春日部・越谷を経由して古河や下野に向かう奥州道中という交通量の多い街道が整備された。

　開発としても、武蔵野一帯で用水路の整備と新田開発がなされたのはも

ちろんのこと、野菜や商品作物などの生産地という点でも江戸近郊経済に取り込まれていった。桶川のベニバナ、「西山材」とも呼ばれた飯能の木材、秩父の絹織物が特に知られている。

● 近　代

　江戸近くで直轄地が多いという先述の事情により、版籍奉還に先立ち幕府領を管轄する「武蔵県」が設けられている。1871年の廃藩置県とその後の整理により、荒川より東の「埼玉県」と西の「入間県」の二つの県がおかれた。ただし、入間県は一旦群馬県と合併して「熊谷県」になっており、最終的に1876年に旧入間県域が埼玉県に統合されて現在の埼玉県域が確定している。古代以来、埼玉県を悩ませた南北交通の影響は廃藩置県においても見られた、と言えよう。

　これ以降の埼玉県は、徐々に東京大都市圏の一部に飲み込まれていく歴史をたどる。関東大震災において東京を逃れた人々が被害軽微な浦和などに移住したことをきっかけに、南部地域や鉄道沿線の人口は大きく増加した。これが現在の人口増加、また近年の圏央道開通にまでみられる関東陸上の物流拠点としての地位までつながっていく。一方で、近郊農村や諸産業も依然として失われてはいない。早くから鉄道と一体となって開発が行われた長瀞・秩父や、川越などの観光地としての一面を持つ場所も多く、また浦和レッズをはじめとしたサッカーや埼玉パナソニックワイルドナイツをはじめとしたラグビーの盛んな県として知られる。

【参考文献】
・森田武ほか『埼玉県の歴史』山川出版社、2010
・水口由紀子『日本史のなかの埼玉県』山川出版社、2023

I

歴史の文化編

遺　跡

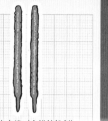

稲荷山古墳（金錯銘鉄剣）

地域の特色　埼玉県は、関東地方中西部に位置する内陸県。利根川によって北は群馬県、栃木県と接し、江戸川を境として東を千葉県と接する。南は東京都、西は秩父山地を境として山梨県、長野県と接する。西部の山岳盆地地帯は奥秩父と称され、三国山は群馬・長野県と三県が接し、甲武信岳も山梨・埼玉・長野の三県が接する。隣接する「三峰」で総称される白石山・霧藻ヶ峰・妙法岳などは、山岳信仰の拠点であり、麓に三峰神社が位置する。

　県中央部には台地丘陵地帯が広がり、東は利根川と荒川の二大河川によって開析された沖積平野となる。これらの河川は近世初頭に大きな瀬替えが行われ、現在の流路となったが、古代から中世にかけては流路が激しく変化した。特に利根川は近世の瀬替えまで東京湾に流下しており、利根川により自然堤防や沖積地が形成された。そうした地形を反映して、下総台地、大宮台地、武蔵野台地の縁辺部を中心に縄文時代の遺跡が多く点在する。特に縄文海進と呼ばれる海岸線の変動に応じて、貝塚は多い。後に県北部を中心に古墳群が構築され、埼玉古墳群が武蔵統合の一大拠点であったことは、稲荷山古墳出土鉄剣の金錯銘文からも推測される。

　古代には武蔵国北半に位置し、21郡中15郡が存在した。郡衙跡は発見されていないが、中宿古代倉庫群跡（深谷市）は8〜9世紀の榛沢郡の郡衙跡とも推定されている。また県西部の丘陵地帯では上質の粘土が採れ、多くの須恵器や瓦の窯跡が残る。律令期以降は桓武平氏の流れをくむ武士団が割拠。室町時代には鎌倉府が置かれ、関東管領は上杉氏が継承するとともに、武蔵国守護を兼任した。戦国期には後北条氏の支配下となる。

　江戸時代は、天領、藩領、旗本・寺社領が錯綜し、複雑な領有関係が生じた。明治維新後は、忍・川越・岩槻の3藩、飛地をもつ前橋藩など13藩、一橋家領、および岩鼻・韮山県、武蔵・下総知県事の管地が置かれた。

　1872年の廃藩置県により諸藩は県となった、荒川以東の埼玉県（埼玉郡、

　凡例　🅢：国特別史跡・国史跡に指定されている遺跡

足立・葛飾郡の一部）と、同以西の入間県（埼玉県所属以外の13郡と多摩郡の一部）に統合。以後、合併と分離を繰り返し、1877年に群馬県に編入されていた旧入間県域が編入され、ほぼ現在の県域が定まった。

主な遺跡

砂川遺跡
（すながわ）

*所沢市：狭山丘陵から流れる砂川堀上流の台地上、標高104mに位置　**時代** 旧石器時代後期

1966年、73年に明治大学考古学研究室によって、3地点の発掘調査が行われた。A地点からは、3つの石器集中ブロックが検出され、360点以上の石器が発掘された。F地点からも3つのブロックから400点近い石器が出土した。特にナイフ形石器や彫器など、縦長剥片を素材とし、この剥片は両設打面によってつくり出される特徴をもち、「砂川型石刃器技法」として評価されている。これらの石器群については、緻密な接合作業と資料操作によって、具体的な製作と消費の様相が明らかにされたものであり、旧石器時代後期のきわめて貴重な資料といえる。出土遺物は国指定重要文化財となっている。

松木遺跡
（まつき）

*さいたま市：荒川左岸、舌状台地の南端、標高約15mに位置　**時代** 旧石器時代終末期〜縄文時代草創期

1982年の発掘調査によって旧石器時代の石器群が発見されて以降、断続的に調査が行われている。6カ所ほどの小ブロックに分けられ、黒曜石の剥片や砕片、焼礫群が認められ、スクレイパー、ナイフ形石器、角錐状石器なども認められた。その後も剥片や砕片が検出されており、また撚糸文土器をはじめ縄文時代早期の土器が遺跡範囲から広く検出されている。住居跡は認められていないものの、集落跡であったと考えられている。1993年の調査では、縄文時代前期と推定される高さ2.7cmの土偶が検出された。近隣には同じく旧石器時代、縄文時代早期〜中期の遺跡である大古里遺跡（さいたま市）があり、旧石器時代の石器ユニットのほか、特に縄文時代早期末葉とされるファイヤーピット（炉穴）は100基を超えるもので特徴的である。この時期の竪穴住居跡も検出されている。

水子貝塚
（みずこ）

*富士見市：荒川低地に面する舌状台地基部、標高約19mに位置　**時代** 縄文時代前期　　　　**史**

1938年以降、調査が断続的に行われ、竪穴住居跡が検出されているほか、直径約160mに及ぶ、環状の地点貝塚約67カ所あまりが発見されている。時期は縄文時代前期（黒浜・諸磯式期）に比定されるが、貝塚の形成期は

黒浜期に比定されている。また1991年の発掘調査では、貝層下から女性の人骨1体分がほぼ完全な形で検出されている。近隣には、当貝塚よりやや古い時期の縄文時代前期前半（花積下層・関山式期）の貝塚である打越遺跡（富士見市）も位置し、竪穴住居跡が多数検出されて、集落跡と考えられている。また1937年に火工廠建設に伴い発見され、山内清男、関野克らが発掘した上福岡貝塚（上福岡市）も縄文前期前半期にあたり、関野が住居面積から居住人数を推定する公式を提示したことでも知られる。これらの遺跡は縄文海進による「古入間川」沿いの縄文前期の貝塚の形成過程を明らかにするうえで貴重な遺跡であるが、打越、上福岡は現在宅地化が進み、水子貝塚のみ1969年に国史跡に指定され、史跡公園として整備されている。

真福寺貝塚（しんぶくじ）

＊さいたま市：北足立台地の西縁、台地上標高12mから低地にかけて位置　**時代** 縄文時代後期〜晩期　**史**

1926年に大山柏ら大山史前学研究所によって発掘調査が行われ、以後断続的に調査が行われた。縄文時代後期中葉加曾利B期に形成された貝層は最大厚40cmで、ヤマトシジミやハマグリを主体とする。低湿地では柵列が検出されているほか、縄文時代後期初頭から晩期初頭の土器やマクワウリ、ソバの種子、弓や櫛などの藍胎漆器が出土したことでも知られる。特に出土した土器については、山内清男が詳細な編年研究を行い、安行猿貝貝塚（川口市）を標識遺跡とする安行式土器の諸型式を整理検討して、その編年の確立をみた。

他方、1940年に東京大学が発掘調査した際には、泥炭層や台地上の大形竪穴住居跡などが認められている。1965年の慶應義塾大学の泥炭層遺跡の調査でも、安行Ⅲc式の見直しが行われるなど、現在でも関心が高い。なお、赤彩された「みみずく土偶」は国指定重要文化財となっている。残念ながら大山の調査した資料の大部分は戦災で失われている。

池上遺跡（いけがみ）

＊熊谷市：星川右岸、荒川沖積扇状地の自然堤防上、標高約22mに位置　**時代** 弥生時代中期

1978年の発掘調査で弥生時代中期の竪穴住居跡を確認し、1981年、国道125号線バイパス工事に伴い、発掘調査が実施された。竪穴住居跡のほか、環濠と考えられる大溝や多数の土坑などが検出されている。

竪穴住居跡のうち一軒は長辺10.6m、短辺7.2mの大型住居が認められたほか、焼失住居跡も検出され、炭化米が多量に出土している。池上遺跡が稲作に生活基盤を置く集落であったことを裏づけている。弥生時代中期

の土器（須和田式）が出土しているほか、石包丁、各種磨製石斧、石鍬状の石斧、環状石器、漆で補修された土器、銅鏃、土偶なども検出されている。周辺の池上西遺跡（熊谷市）や方形周溝墓が検出された小敷田遺跡（行田市）など、広大な沖積低地で稲作を営んだ集落群といえ、関東地方での初期農耕集落の実態を明らかにするうえで貴重な遺跡である。

寿能泥炭層遺跡
＊さいたま市：芝川流域の沖積低地、標高約6mに位置
時代 縄文時代〜平安時代

　1979〜81年にかけて、埼玉県立博物館によって発掘調査が行われ、東西200m、南北100mの範囲に縄文時代草創期から平安時代にかけての遺物包含層が認められた。遺構は木道や木杭などあまり認められていないが、遺物では多数の木製品が出土した。特に縄文時代中期から晩期の漆器の鉢、高坏、杓子などの什器、櫛、飾弓のほか、古墳時代の椀・櫛、平安時代の椀など生活財が大量に認められた。また縄文時代の丸木弓、櫂、石棒状木製品、古墳時代の竪杵、横槌、織機の部材、梯子、建築材、平安時代の横櫛、御敷、曲物、柱材など大量の木製品は低湿地遺跡の特質を示している。また縄文時代草創期の撚糸文土器群に先行する条痕文、擦痕文土器の存在が確認されており、住居跡は認められていないものの、長い期間にわたり水辺利用の拠点的な位置づけにあったことをうかがわせる。またいわゆる「見沼田圃」と呼ばれる低湿地の一部であり、小支谷を西に約1kmさかのぼった氷川神社社叢に点在する遺跡群との関連もうかがわれる。その他、種子や花粉分析など自然遺物に対する検討により、古環境の変遷を復原できたことも大きな成果といえよう。

稲荷山古墳
＊行田市：利根川と荒川に挟まれた低台地上、18mに位置
時代 古墳時代前期　　　　　　　　　　　　　　　　　　　　　史

　1968年より県教育委員会によって発掘調査が行われた。墳丘長120mの前方後円墳で、埼玉古墳群の主墳。前方部幅74m、高さ10.7m、後円部径62m、高さ11.7m。長方形の二重の周濠をめぐらせ、西側の周堤帯には方形区画を有する。この区画内より、多くの円筒埴輪などが出土しており、儀礼的な交換であった可能性をうかがわせる。なお、前方部は1937年に土取りで削平されたが、現在は復元されている。主体部は後円部頂上に2基の粘土槨・礫槨が検出されている。礫槨には、鏡（環状乳四神四獣鏡）、勾玉、鉄剣、鉄矛、銀環2、鉄刀4、馬具・挂甲などが残存していた。特に鉄剣は、長さ73.5cmで、元興寺文化財研究所によって、X線による撮影がなされ、115字の文字が金象嵌で施されていることが判明した。剣身

の部分に金象嵌の銘文があり、表に57文字、裏に58文字ある。書風は円筆に特色があり、中国の5世紀代の書風の影響が強く見られるとされる。冒頭の「辛亥年七月」はこの銘文の象嵌された鉄剣作製時と考えられるが、稲荷山古墳は5世紀末〜6世紀初頭の築造であると推定されていることから、471年にあたるとする説が有力である。

ほかに文中の「獲加多支鹵大王」は、『宋書』倭国伝の倭王武、記紀の雄略天皇にあたるとする説が有力であるほか、「斯鬼宮」など大和王権との関わりを示唆する文言が認められる。そして乎獲居臣が、意富比から8代にわたって、大王に代々杖刀人として奉仕してきたことを記した記事が認められ、古代の中央と東国との関係を知るうえできわめて貴重な資料といえる。

埼玉古墳群は前方後円墳9基と大型円墳1基（日本最大の円墳とされる丸墓山古墳）、その他小円墳から形成されているが、稲荷山古墳以外で発掘調査がなされているのは、全長90mで最も新しい6世紀末の将軍塚古墳である。ほかに古墳群内最大で武蔵国でも最大級とされる二子山古墳（全長138m）や鉄砲山古墳（全長109m）などもある。すべての古墳が一族による築造ではなく、前方後円墳の主軸方向から3つの軸が認められており、古墳形態や埴輪などの遺物による検討を踏まえつつ、第1の権力者とともにそれを補佐する勢力が存在した可能性が指摘されている。

吉見百穴 （よしみひゃくあな）

＊比企郡吉見町：市野川に面する凝灰岩質の丘陵斜面、標高45mに位置　**時代** 古墳時代後期　**史**

1887年に、帝国大学理科大学（東京大学理学部）の坪井正五郎が地元の根岸武香らの援助を得て発掘調査を行った。横穴をめぐって、坪井の「穴居説」や神風山人（白井光太郎）の「墓穴説」が学界の論争となる。小支谷によって4カ所の突出部に分かれ、平均45度の急斜面に密集して横穴が形成されている。斜面の上・中・下で3段に分布し、突き出したそれぞれの斜面に平行するように配列されていた。特に西側突出部に配列された横穴墓は、東側に比べて整然と並んでいる。また横穴は、斜面にほぼ直角にうがたれており、墓の形態はいずれも玄室と羨道とからなっている。玄室の形態はおおむね8通りの型式に分類されており、正方形が最も多い。

玄室内の棺座は約7割に認められ、左右いずれか1カ所に設けたものが多い。排水溝は棺座の縁に設けられたものと玄室から羨道への通路に加工されて外部に排水したものがある。このほか龕状施設や棚状施設も認められている。副葬品は、金環、銀環、勾玉、管玉、小玉といった装身具、

直刀、刀装具、鉄鏃などの武器類、高坏、提瓶などの須恵器、土師器、円筒埴輪がある。

　第二次世界大戦時は地下工場となり、戦後は荒廃した。しかし1950年、地元に吉見百穴保存会が結成され、整備が始まった。そして1954年には、金井塚良一の指導で県立松山高等学校郷土部員により実測調査が行われ、指定区域内に200基以上の横穴墓が現存していることが確認され、分布・形態・構造などの分析が行われた。現在は国史跡となっている。

東 金子窯跡群　＊入間市：秩父山地から舌状に突出した加治丘陵、標高180ｍに位置　時代　平安時代

　1951年以降、断続的に発掘調査が行われており、多数の瓦、須恵器を中心とした窯跡が検出された。東西4km、南北2kmの範囲に分布し、丘陵の6つの谷戸を中心とした斜面に20支群、丘陵の北または南側の台地緩斜面に2支群が確認されている。埼玉県内における末野窯跡群（大里郡寄居町）、南比企窯跡群（比企郡鳩山町・嵐山町・ときがわ町）と並ぶ古代の北武蔵三大古窯跡群の1つである。

　1951、63、66年に発掘された谷津池窯跡では半地下式窯跡、トンネル式窯跡、地上式窯跡、工房跡、竪穴住居跡が認められ、風字硯が出土している。また、1969年に発掘された新久窯跡ではA・C・D・E地点で半地下式窯跡、地下式窯跡、形態不明窯跡、工房跡などが調査されており、A地点で風字硯、円面硯、紡錘車、D地点で風字硯、円面硯など、E地点では紡錘車が検出されている。窯の操業年代は8世紀後半から9世紀末頃と推定され、9世紀中頃に最盛期を迎えたものと考えられている。また谷津池窯跡1号窯、八坂前窯跡4・5・6号窯、新久窯跡A地点1・2号窯、E地点1号窯では武蔵国分寺（東京都国分寺市）七重塔再建瓦と同笵の軒丸瓦、もしくは軒平瓦が出土し、また谷久保窯跡では灰原から同笵軒丸瓦が認められている。これにより、当窯跡群が武蔵国分寺七重塔再建を直接担っていたことが明らかとなり、関東地方の平安時代の土器編年においても、重要な標識遺跡となっている。

国宝／重要文化財

板碑

地域の特性

　関東地方中央部の内陸に位置する。西側に秩父山地、中央に丘陵・台地、東側に低地が広がり、西高東低の地形である。県南東部は東京に近く、大宮、浦和、川口の一帯に人口が高度に密集している。かつて農業地帯であったが、高度経済成長期に宅地化と工業化が急速に進んだ。県北部には田園が広がり、県内の農業生産の中心である。県南西部の奥武蔵には平坦地が少なく、農業生産は不振で都市化も遅れていたが、1960年代後半から宅地化が進んだ。県西部は秩父盆地を秩父山地の山々が囲み、東側の平地の多い地域と様相が異なる。絹織物の銘仙とセメントの地場産業があり、都心に近い風光明媚な山間観光地としても有名である。

　利根川流域には縄文時代の遺跡や古墳が多く分布している。埼玉古墳群の稲荷山古墳から、大和王権とのつながりを示す鉄剣が出土した。奈良時代の716年に高麗人を集団移住させて高麗郡、758年に新羅人を移して新羅郡（後の新座郡）が設けられた。中世には争乱が続き、江戸時代には四つの中小藩と、多数の天領や旗本領が置かれて、寺社領も散在していた。明治維新の廃藩置県で複雑に入り組んだ領地が統合され、周辺諸県との併合・移管を繰り返して、1876年にほぼ現在の埼玉県ができた。

国宝／重要文化財の特色

　美術工芸品の国宝は3件、重要文化財は54件である。建造物の国宝は1件、重要文化財は23件である。国宝／重要文化財は慈光寺、喜多院、遠山記念館、日本大学総合学術情報センターの4か所に多く集中している。慈光寺は都幾山にある天台密教の山岳道場として栄えた古刹で、国宝の仏典が3件もある。喜多院は中世に関東天台宗の中心道場となり、徳川家康の帰依を受けて復興した。江戸時代初期の建造物や絵画、毛利輝元が家康に献上し、家康が喜多院に寄進した宋版一切経 などがある。遠山記念館

は、日興證券の創業者だった遠山元一が収集したコレクションを収蔵している。日本大学総合学術情報センターには多数の貴重な古書籍があり、そのうち日本文学の歌集などが重要文化財に指定されている。

◉埼玉稲荷山古墳出土品

行田市のさきたま史跡の博物館で収蔵・展示。稲荷山古墳は長さ120mの前方後円墳で、5世紀後半に築造され、埼玉古墳群の中で最も古い古墳である。後円部の頂上部地下から埋葬施設が2基発見され、一つは素掘りの竪穴に粘土を敷いて棺を納めた粘土槨、もう一つは竪穴に川原石を並べた礫槨だった。礫槨は盗掘されていなかったため、金錯銘鉄剣、馬具、勾玉、鏡、帯金具、挂甲などの副葬品が、埋葬されたままの状態で出土した。金錯銘鉄剣には、剣の身両面に、溝を彫って金を埋め込んだ金象嵌の文字が115字刻まれていた。文の内容は、辛亥の年に乎獲居（ヲワケ）という人物が、先祖代々大王に仕えて獲加多支鹵（ワカタケル）大王の時に、刀を製作して記録したとしている。辛亥の年とは干支の暦年で西暦に換算すると471年、そしてワカタケル大王を雄略天皇とする説が多い。銘文の刻まれた古墳時代の刀剣類はいくつかあるが、稲荷山古墳の鉄剣には、年代と人名が具体的に記述されていたので、古代王権の成立過程を物語る金石文としてきわめて貴重である。同時に出土した画文帯環状乳神獣鏡、龍文透彫帯金具などの副葬品も、一括して国宝に指定された。

◉法華経一品経

ときがわ町の慈光寺の所蔵。鎌倉時代前期の典籍。見返しや料紙を絵画、文様で美しく装飾した写経で、慈光寺経と呼ばれる。33巻ある。法華経は妙法蓮華経といい8巻からなる。さらに28品（巻）に分割して法華経一品経と呼ばれるようになった。慈光寺経は勧発品を2巻に分けて29巻とし、開経の無量義経、結経の観普賢経、および阿弥陀経、般若心経を加えて合計33巻にしている。紺紙に金字で経文を書いた紺紙金字経、あるいは多色の料紙に墨書の経文など経巻ごとに趣向を凝らしている。例えば信解品第4の料紙は、上段を丁子染めで薄茶色、中段を銀粉蒔、下段を黄色に染め、界線上部を銀の二重線、下部を金の二重線にして、経文を墨で書く。上下欄外には蓮華を描き、花弁の脈を金銀で筆書きしている。授記品第6は紺紙金字経で、銀の界線の上下欄外に金箔の蓮華、銀箔の蓮の葉を描き、砂子、野毛、切箔で水面や霞のような表現が付けられている。製作の目的は、後鳥羽上皇と中宮宜秋門院藤原任子、その父（藤原）九条兼実など九条氏一族が、急逝した

九条良経を供養するためだったとされる。慈光寺は東国における天台宗の有力な拠点で、源頼朝も深く帰依した。鎌倉4代将軍藤原頼経は九条氏出身で、また慈光寺のある比企郡一帯を本拠とした比企氏も鎌倉将軍と深い関係にあったので、豪華な装飾経が慈光寺に伝来したのだろうと推測されている。

◎板碑

入間市の円照寺の所蔵。レプリカを埼玉県立歴史と民俗の博物館で展示。南北朝時代の考古資料。板碑とは石造の塔婆で、板石塔婆ともいう。鎌倉時代中期から戦国時代末期にかけて造立され、関東に集中している。特に埼玉県の板碑は質・量とも全国一といわれ、27,000基余りが確認されている。素材は荒川上流の長瀞や槻川流域で産出される緑泥片岩である。板碑の形は頂部を山形にし、その下に2段の切込みを入れて頭部とし、中央の身部で本尊を種子（梵字）で示し、その下に蓮台（蓮華座）、経文や詩文を書いた偈、造立した年月日と続く。円照寺の板碑は典型的な形をしていて、身部の本尊に胎蔵界大日如来の種子を断面Ｖ字型に彫り込む薬研彫で刻み、その下に蓮台、蓮台の右下に阿閦如来、下左に阿弥陀如来の種子を刻む。下方中央に縦に元弘三年五月二十二日の日付、その下に道峯禅門という法名を小さく記す。そして日付の左右に宋僧無学祖元の臨剣頌という詩文が刻まれている。元弘三年は1333年で、5月22日は新田義貞軍が鎌倉幕府を滅ぼした日である。道峯禅門は、幕府側に従って討死にした加治家貞の法名で、武蔵七党の丹党（丹治氏）に属した加治左衛門家貞入道道峯と推定される。この板碑はその供養塔で、加治氏の菩提寺であった円照寺に、戦死した武将の板碑が供養されたのである。なお円照寺には、そのほかに5基の板碑があり、丹治氏の銘を刻んだものも含まれている。

◎1号機関車

さいたま市の鉄道博物館で収蔵・展示。イギリス／19世紀の歴史資料。1872年10月14日に新橋と横浜を結ぶ鉄道が開業し、日本初の鉄道で使用された機関車10両のうちの1両である。1871年初頭にイギリスのバルカン・ファンドリー社で製造され、最初に検査を受けたため1号機関車となった。全長6.7m、動輪直径1.32m、重量23.5ｔである。燃料の石炭や水を機関車本体に搭載するタンク式で、軸配置は先輪1軸、動輪2軸の1Ｂ型である。その後新型機関車の登場で1880年に関西に転籍し、ボイラーの位置を高くし、蒸気ドームを大きくして煙突側に移設するなど大改造が施された。1911年に長崎の島原鉄道に払い

下げられた。国鉄の鉄道博物館で保存展示するため、1930年に島原鉄道から国鉄に移され、国鉄からJRへと引き継がれた。現在の展示は大改造後の1897年頃の仕様で、車体色も開業当時と異なる。新橋〜横浜間は18マイル（29km）、途中駅は品川、川崎、鶴見、神奈川の4駅で所要時間は53分、1日9往復だった。運賃は上等1円12銭5厘、中等75銭、下等37銭5厘で、当時の労働者の賃金が1日約20銭だったから、鉄道はかなり高額な乗物だったといえるだろう。開業時の旅客列車は上等車（定員18人）1両、中等車（定員24人）2両、下等車（定員44人）5両の8両編成で定員は286人、乗車効率は60〜75%以上だったと考えられている。

◎喜多院（きたいん）　　　川越市にある。江戸時代前期の寺院。喜多院（きたいん）には多数の建造物があり、そのうち客殿、書院、庫裡、山門、慈眼堂、鐘楼門（ろうもん）が重要文化財である。伝承によると喜多院は830年に無量寿寺という天台宗寺院として開創された。13世紀初頭に兵火で断絶し、13世紀末に尊海（そんかい）が再興して中院、北院、南院を建て、関東天台という天台宗の関東総本山の寺格が与えられた。1537年に再び兵火により焼失した。徳川家康のもとで1612年に天海が再興し、寺名を北院から喜多院へ変え、山号を東の比叡山を意味する東叡山（とうえいざん）とした。天海は、江戸上野に1624年に建てられた寛永寺に居住するようになり、翌年に東叡山の山号が寛永寺に移されると、喜多院はもとの星野山（せいやさん）の山号に戻った。1638年の川越大火によってほぼ全焼し、徳川家光によって復興された。現存する喜多院の大部分の建造物はこの大火後に建てられたもので、客殿、庫裡は江戸城紅葉山（もみじやま）より移築されたと伝えられる。客殿は入母屋造（いりもやづくり）の柿葺（こけらぶき）、南北に長く桁行9間、梁間（はりま）6間で、間取りは南北2列、それぞれの列を3室に区画して計6室ある。主室は北西端にある上段の間で、書院造（しょいんづくり）を特徴づける床（とこ）と違棚（ちがいだな）が設けられているが、付書院や帳台構（ちょうだいがまえ）はない。天井は方形の格子で仕上げた格天井（ごうてんじょう）で、格縁（ごうぶち）を黒漆塗りにして徳川氏の定紋である三葉葵の鍍金金具（みっきんかなぐ）を打つ。方形の格間（ごうま）には極彩色の綺麗な草花を描いている。極彩色の天井とは対照的に、壁および襖（ふすま）は墨絵である。徳川氏ゆかりの大名屋敷と考えられ、落ち着いた雰囲気をかもし出している。

●歓喜院聖天堂（かんぎいんしょうでんどう）　　　熊谷市にある。江戸時代中期の神社。妻沼（めぬま）にある歓喜院（かんぎいん）は山号を聖天山（しょうでんざん）といい、1179年に斉藤実盛（さいとうさねもり）が大聖歓喜天（だいしょうかんぎてん）を祀った聖天宮（しょうでんぐう）に始まるといわれている。1197年に聖天堂（しょうでんどう）が修復され、別当坊歓喜院（かんぎいん）も建てられた。1604年に徳川家康が聖天堂の造

営を命じたが、1670年の妻沼大火によって聖天堂は焼失した。1735年から聖天堂の再建が着手され、1779年に屋根が完成するまで長い年月がかかった。本尊の歓喜天を祀る聖天堂は、入母屋造の奥殿と拝殿との間に中殿のある権現造で、拝殿正面の屋根に千鳥破風、そして軒唐破風付3間向拝が付いている。奥殿は両側面に軒唐破風、そして背面にも千鳥破風と軒唐破風が付き、正面を除く外側すべての面に唐破風が付くという珍しい外観である。社殿の内外はきわめて多くの彫刻、漆塗り、彩色、絵画、金具で装飾され、とりわけ奥殿は豪華で、外壁に七福神と唐子の戯れる様子が大きく色鮮やかに表現されている。日光東照宮と比べて規模は小さいが、装飾の技巧をさらに発展させた華麗な霊廟建築といえるだろう。家康を神格化する日光東照宮の装飾は権威に満ちた近寄りがたい厳粛さを感じさせるが、庶民の浄財で建てられた聖天堂の彫刻からは、親しみやすい遊楽と慈愛の念があふれ出ている。

◎旧煉瓦製造施設

深谷市にある。明治時代の産業施設。日本煉瓦製造株式会社のレンガ製造工場に、1907年に建てられたホフマン輪窯6号窯である。ホフマン式輪窯とは、ドイツ人フリードリッヒ・ホフマンが考案した円形の窯で、内部をいくつかの部屋に分割して、レンガ焼成工程の乾燥・予熱、焼成、冷却を順繰りに行いながら、円形場内をぐるぐる回り続けるという構造になっている。同じホフマン窯である栃木県の旧下野煉化製造会社煉瓦窯は直径32.6mのドーナツ型だが、日本煉瓦製造株式会社のものは陸上競技のトラック状で、縦20m、横52.6mである。1872年の東京築地・銀座の大火の後、銀座をレンガ街にして復興させるため、大量のレンガが必要となった。そこで、渋沢栄一らが1887年に日本煉瓦製造株式会社を設立し、古くから瓦生産が盛んで上質な粘土の堆積している深谷に、機械式レンガ工場をつくって、6基の窯でレンガを大量生産した。この工場で製造されたレンガを使用した建造物として、東京都の旧東宮御所、東京駅丸ノ内本屋、日本銀行本店、群馬県の碓氷峠鉄道第3橋梁などがある。

☞ そのほかの主な国宝／重要文化財一覧

	時 代	種 別	名 称	保管・所有
1	縄 文	考古資料	◎後谷遺跡出土品	桶川市歴史民俗資料館
2	古 墳	考古資料	◎熊野神社境内古墳出土品	埼玉県立歴史と民俗の博物館
3	平 安	彫 刻	◎木造箪奈利明王立像	常楽院
4	平 安	考古資料	◎瓦塔、瓦堂／美里町東山遺跡出土	美里町考古資料常設展示室
5	鎌 倉	絵 画	◎紙本著色三十六歌仙切（頼基）	遠山記念館
6	鎌 倉	彫 刻	◎木造阿弥陀如来及両脇侍像	保寧寺
7	鎌 倉	古文書	◎明月記（藤原定家自筆本）	日本大学総合学術情報センター
8	鎌 倉	典 籍	◎六百番歌合	日本大学総合学術情報センター
9	鎌 倉	工芸品	◎金銅密教法具	慈光寺
10	鎌 倉	工芸品	◎秋野蒔絵手箱	遠山記念館
11	南北朝	考古資料	◎石造法華経供養塔	大聖寺
12	江 戸	絵 画	◎紙本著色職人尽絵	喜多院
13	江 戸	絵 画	◎絹本著色春霞起鴉図（岡田半江筆）	遠山記念館
14	明治〜昭和	歴史資料	◎埼玉県行政文書	埼玉県立文書館
15	中国・日本／南宋・元・江戸	典 籍	◎宋版一切経	喜多院
16	朝鮮／高麗	絵 画	◎絹本著色釈迦三尊及阿難迦葉像	報恩寺
17	鎌倉後期	石 塔	◎光福寺宝篋印塔	光福寺
18	室町前期	寺 院	◎高倉寺観音堂	高倉寺
19	室町後期	寺 院	◎金鑚神社多宝塔	金鑚神社
20	江戸前期〜中期	神 社	◎東照宮	仙波東照宮
21	江戸中期	民 家	◎吉田家住宅（比企郡小川町）	—
22	江戸中期	民 家	◎旧新井家住宅（旧所在 秩父郡野上町）	長瀞町
23	江戸後期	民 家	◎大沢家住宅（川越市元町）	—
24	江戸後期	民 家	◎内田家住宅（秩父市蒔田）	—
25	大 正	文化施設	◎誠之堂	深谷市

城　郭

川越城本丸御殿玄関

地域の特色

　埼玉県は武蔵国の北部を占める。平安末には武蔵武士の発祥地として源
経基館、河越氏館や源義賢があったという大蔵館、このほか伝村岡良文館、
熊谷氏館、畠山氏館、河肥氏館、安保氏館、別府氏館、金子氏館などの館
跡が保存されている。いずれも鎌倉幕府の有力御家人の館跡であるという。
　南北朝期から室町期には争乱が相次ぎ、戦乱の舞台では入間川御所が足
利基氏の陣城として知られる。上杉禅秀の乱、永享の乱を経て、古河公方
が古河に居を構えると、これに対抗する形で扇谷上杉氏の太田道灌が川越
城、岩槻城を築いた。渋川氏による蕨城、深谷上杉氏による庁鼻和城、深
谷城なども対古河公方勢力の包囲の築城だった。古河公方勢力も幸手城、
菖蒲城、羽生城を築き対抗した。久喜には足利政氏が居城を構えた。後
に古河公方勢力は、葛生城、羽生城を構えこれに対した。これら諸城の多
くは、長尾景春の乱にも登場。太田道灌の鎮定過程で史上に城名が記される。
　大永4（1524）年、伊豆・相模両国を侵略した北条早雲の跡を継いだ氏綱
は、多摩川を越え江戸城を攻略。次いで岩付（岩槻）城・松山城・鉢形城
も攻略し、武蔵国を鎮定した。氏綱は北条氏領国の伊豆・相模・武蔵三国
の家臣となった武士を衆と呼ぶ軍団に組織。県下では岩槻城、川越城、松
山城、鉢形の有力支城に軍団の衆を組織した。北条氏の武蔵国支配は天
正18（1590）年の豊臣秀吉の小田原攻めまで続いた。行田の忍城は、この
とき石田三成率いる豊臣勢に包囲された。三成は水攻めのため城の周囲の
低地に堤を構築、利根川を堰き止め忍城を独立させたが、小田原攻めが終
わっても忍城は落ちることはなく堅塁を誇った。このときの城主は成田氏
長であった。氏長は小田原にあり家臣らが守備した。忍城は江戸時代に江
戸の背後を守備する要となり、青山忠俊・阿部正次、さらに板倉・戸田・
藤井松平・小笠原・大岡など有力幕臣が入城、明治に至った。岩槻・川越
も歴代城主は老中や幕閣が相次ぎ入城した。今日、川越城には御殿が残さ

れている。

主な城

川越城（かわごえ）
別名 初雁城、河越城、霧隠城　**所在** 川越市郭町　**遺構** 本丸御殿の一部、土塁、堀

　今日、本丸御殿を残す川越城は長禄元（1457）年太田道真、道灌父子が築城したことに始まる。本格的な築城は道灌によってなされたもので、江戸、岩槻、川越の三角形は、扇谷上杉氏の武蔵経営の要となっていた。道灌が主家扇谷上杉定正により弑（しい）されると上杉朝良が城主となり、のち朝定（ともさだ）と続いた。しかし天文6（1537）年、当城も破竹の勢いに乗じた北条氏により落城をみた。相州小田原の北条氏綱は早雲の遺志を継ぎ関東経営に乗り出し、北条（福島）綱成（つなしげ）を城主としたが、同15（1546）年、松山城に逃れていた上杉朝定は古河公方と結び川越城を囲んだ。当時氏綱の後を継いだ氏康はただちに精兵を率いて上杉軍を打ち破った。朝定は討死に、扇谷上杉氏は命脈を絶った。

　天正18（1590）年小田原攻めにて北条氏が滅びると、徳川家康が江戸入部するに及び、川越には江戸幕府の幕閣を担う諸代大名が相次ぎ入城した。川越城には現在、本丸御殿の一部が存するが、これは城郭遺構上、極めて貴重なものといえる。富士見櫓と称する櫓があった。今も土塁が残り、川越城の碑が建つ。なお、城内に今も三芳野神社が祀られているが、この天神様が「ここはどこの細道じゃ、天神様の細道じゃ」でおなじみの「通りゃんせ」のご本尊で、正月18日の大祭には城下の人々にも参詣を許した。

鉢形城（はちがた）
所在 大里郡寄居町鉢形　**遺構** 土塁、空堀、石垣、復元石垣、復元門　**史跡** 国指定史跡

　鉢形城が、天下にその名を轟かせたのは、文明18（1486）年長尾景春の乱であった。扇谷上杉家の太田道灌がその鎮定にあたった。景春は鉢形城にその勢力を集結させ、道灌の軍勢に対した。戦闘はその年の7月になされ、景春の兵勢は総崩れとなった。

　この後の山内上杉顕定が城主であった折、『梅花無尽蔵』『東路のつと』によると、万里集九や柴屋軒宗長らがこの城を訪れたことがみえる。その子上杉顕実の代になると、長尾景長の軍勢に攻められ、永正9（1512）年落城した。山内上杉憲房は奪回戦を起こし、長尾勢を城から追い、再び山内

上杉の手に帰した。大永4（1524）年11月、戦国乱世の中で、破竹の勢いをもった北条氏綱は鉢形城を攻め、これを落とした。氏綱は地元の藤田康邦を城代にした。康邦は、氏綱の三男虎寿丸を養子に迎えた。虎寿丸は藤田家を継ぐと、秩父信太郎氏邦と名乗り、永禄3（1560）年、氏邦は鉢形城に大改修をなし北条氏の上州に対する最前線たる支城を形づくった。天正18（1590）年小田原の役に、鉢形城中には総勢3千3百人が籠った。城の周囲は、東に前田利家、西に本多忠勝、南に上杉景勝、北に真田昌幸ら5万人が囲み、開城した。

松山城 （まつやま） 別名 武州松山城、武蔵松山城   所在 比企郡吉見町   遺構 土塁、空堀   史跡 国指定史跡

　東上線東松山駅の東方、吉見百穴で有名な丘陵が松山城址である。初めて史上に名を現すのが、応永6（1399）年の吉見氏の家臣上田左衛門尉友直が、安戸城より松山館に移りこの折にほぼ城郭としての様相を整えたときと思われる。上田氏は主家吉見氏とともに扇谷上杉氏に仕えていた。

　戦国期に至ると、松山城の存在価値はきわめて重要なものとなる。天文6（1537）年北条氏綱は武蔵平定の最終拠点川越城を落とし、城主上杉朝定をこの松山城に追った。朝定は難波田弾正を守将として北条氏に対した。松山城内は北条氏の大軍に包囲され、身動きがとれない状態であった。難波田勢が北条の山中主膳に対した。しばらく北条・上杉の争奪となり、やがて上田氏は上杉氏とともに勢力奪回を計るが、北条氏に降った。天文16（1547）年、上田氏は松山城代となり、朝直が城主となる。永禄4（1561）年、上杉謙信の軍勢は小田原平定の軍を進め、松山城を包囲、落城する。

　天正18（1590）年の小田原の役では城主朝広が小田原に詰めたことから留守兵が一丸となって籠城、前田利家、上杉景勝、毛利、真田などの大軍と対したが、城は落ちなかった。しかし大軍を前に4月16日開城する。

蕨城 （わらび） 別名 蕨御所   所在 蕨市中央4丁目   遺構 土塁、堀の一部

　蕨城は、渋川氏という名族が歴代居城した。渋川氏は足利将軍義満の叔父にあたる九州探題渋川義行が応安年間（1368〜75）に武蔵国司となり、当地に赴いたのが始まり。義行は蕨城と戸田城を築き本拠とし治政にあたる。康正元（1455）年のこと、足利成氏が幕府に抗した折、将軍義政は義行の孫、義鏡（よしかね）を下向させ、義鏡は蕨城に入り、上杉政権の関東支配を助けた。

以後渋川氏は義堯の代に上杉朝興の軍勢に攻められ落城。その後北条氏の援軍のもと城を奪回し、天正18（1590）年小田原攻めまで渋川氏が継いで廃城となる。

岩槻城〔いわつき〕

別名 白鶴城、岩付城　**所在** さいたま市岩槻区太田　**遺構** 土塁、空堀、黒門、土橋、鐘楼

　長禄元（1457）年に北東武蔵の拠点として太田道灌が父道真とともに築城したと伝わる。道灌が岩槻築城をした理由は奥州街道の押さえと、古河公方への布石、さらに江戸、川越、岩槻の三点を結ぶ武蔵経営の一策でもあった。太田資頼が城主であった、大永5（1525）年に、その家臣渋江三郎が、北条氏綱に内応したため城は攻められ、資頼は城を追われた。享禄4（1531）年9月、資頼は石戸城より兵を出し、岩槻城を奪回、資時、太田三楽斎資正に及んだ。永禄7（1564）年城内で謀反が起こり三楽斎は常陸に移り、長子氏資は北条氏康の婿養子となり、岩槻の太田氏は北条一門となる。天正18（1590）年5月、小田原攻めの折、岩槻城は徳川家康の1万人の兵に包囲され落城。その後、高力・阿部・板倉・戸田・松平・小笠原・永井各氏が入り、宝暦6（1756）年大岡忠光が入城、明治に至るまで大岡氏が代々城主を継いだ。広大な岩槻城の南端にあった新曲輪・鍛冶曲輪が岩槻城址公園として整備され県指定史跡にもなっている。土塁や堀、馬出が残り、堀障子も確認されイメージ掲示されている。

忍城〔おし〕

別名 亀城、浮城　**所在** 行田市本丸　**遺構** 外観復元御三階櫓、堀、土塁

　浮き城として名高い忍城は、今日、その大半が市街地となっている。かつて利根川、荒川がつくり出した湖沼上に築かれた面影はない。天正18（1590）年の小田原の役において、西軍の石田三成の軍勢を向こうに回し兵3千人で籠城したが、三成は城の周りに堤をあげ水攻めを行った。だが三成の堤は大雨により決壊、小田原開城の後も城は落ちなかった。

　忍城は文明年間（1469〜87）にこの地方の大領主であり武蔵七党の成田氏が居城したと伝えられる。成田氏は山内上杉氏の被官で上杉氏が関東より滅びると上杉謙信に属すが、その後北条と結び忍城に籠って謙信の兵勢に対することがたびたびあり落ちなかった。三成の築造した土堤は、石田堤として断片的に残存している。

伊奈氏屋敷跡 　**所在** 北足立郡伊奈町　**遺構** 土塁、堀

　関東地方では珍しい城郭形式を備えた陣屋といえる。昭和50（1975）年の発掘調査で堀障子が出土。陣屋が置かれたのは小田原攻めが終わった天正18（1590）年のこと。徳川家康の家臣の伊奈忠次が陣屋を築いた。伊奈氏は三河小島城主で政治的手腕をかわれ、治水工事をはじめ関東郡代として活躍。陣屋は明治維新後払い下げられる。

戦国大名

埼玉県の戦国史

　室町時代中期、関東管領をつとめた扇谷・山内両上杉氏は古河を本拠とした古河公方と対立、30年近くにわたって抗争を続けた（享徳の乱）。このときに活躍したのが、扇谷上杉氏の家宰太田道灌（資長）で、岩付と江戸に城を築いた。文明8年（1476）に山内上杉氏の家臣長尾景春が鉢形城で謀反し、これを古河公方足利成氏が支援すると、道灌が奔走して乱を鎮圧した。この活躍で道灌の名声は関東一円に広がったが、山内上杉氏の顕定が扇谷上杉氏の定正に讒言、これを信じた定正は道灌を謀殺した。

　この事件をきっかけに両上杉氏は対立し、太田一族など多くの家臣が扇谷上杉氏のもとを離れて山内上杉氏に転じた。すると定正は古河公方を継いでいた足利政氏や長尾景春と結んで対抗した。しかし、扇谷上杉氏は次第に衰退した。

　両上杉氏が対立している間に相模の北条氏が北上、大永4年（1524）には江戸城を攻略して扇谷上杉氏を追い、翌年には岩付城も落とし、さらに天文6年（1537）には河越城も奪取した。同14年扇谷上杉朝定は、関東管領の山内上杉憲政、古河公方足利晴氏の支援を得て、8万余の軍勢で河越城を包囲した。半年間の籠城戦ののち、北条氏康が救援に駆けつけると夜陰に紛れて包囲軍を奇襲、朝定は討死して扇谷上杉氏は滅亡した（河越夜戦）。上杉憲政は上野に逃れたものの、北条氏の圧迫を受けてさらに越後に転じ、長尾景虎に山内上杉氏の名跡と関東管領を譲り渡すことになった。足利晴氏も古河に敗走、北条氏康の妹芳春院を産んだ義氏に家督を譲り渡し、武蔵国は北条氏の版図に組み入れられることになった。

　天正18年（1590）豊臣秀吉が小田原攻めを開始。前田利家・上杉景勝らが上野国から武蔵国に入るとまたたく間に諸城を落とし、小田原城も開城して、関東には徳川家康が入った。

主な戦国大名・国衆

猪俣氏（いのまた）　武蔵七党の一つ猪俣党の嫡流。小野姓。戦国時代は武蔵鉢形城（大里郡寄居町鉢形）城主北条氏邦に属した猪俣邦憲が著名。もとは富永助盛を称しており、天正年間（1573〜92）に名門猪俣氏の名跡を継いだらしい。同17年には上野沼田城主となり、真田昌幸の名胡桃城を奪取、これがきっかけとなって豊臣秀吉の小田原攻めが始まった。江戸時代、末裔は加賀藩士となった。

上杉氏（うえすぎ）　関東管領山内上杉氏。藤原北家勧修寺高藤流で、重房の猶子宗尊親王が建長4年（1252）に鎌倉幕府第6代将軍となると、これに従って鎌倉に下向、武家に転じて丹波国何鹿郡上杉荘（京都府綾部市上杉町）を領し上杉氏の祖となった。頼重の娘清子は足利貞氏に嫁いで尊氏を産んだことから、以後足利氏の外戚として重臣となる。室町幕府が樹立すると、憲顕は鎌倉にいた足利義詮の執事となって上野守護に就任、のち越後守護も兼ねた。また重能は伊豆守護となり、関東における上杉氏の基盤を築いている。貞治2年（1363）憲顕は関東管領となると以後管領を独占。その後、山内・宅間・犬懸・扇谷の4家に分裂した。山内家は貞治2年（1363）に憲顕が関東管領となり、鎌倉山内に居館を構えたのが祖。応永23年（1416）に上杉禅秀の乱で犬懸家が失脚すると、以後は山内家が関東管領を独占。越後上杉家から山内家を継いだ憲実は、将軍位を目指した鎌倉公方足利持氏と対立、結局幕府の介入で持氏は自害した（永享の乱）。乱後は憲実と子憲忠が対立し、長尾氏に推戴された憲忠が関東管領となった。その後は扇谷家との激しい戦闘が続き（長享の大乱）、やがて鉢形城を拠点として武蔵・上野の戦国大名となった。一方、延徳3年（1491）には北条早雲によって伊豆国を奪われ、大永4年（1524）には江戸城、翌年には岩付城が北条氏綱によって落とされて次第に没落。天文15年（1546）憲政は河越夜戦で北条綱成・氏康に敗れて武蔵国を失い、上野平井城に逃れた。しかし、同20年には平井城も追われて厩橋城に逃れ、翌年にはついに関東を捨てて越後守護代の長尾景虎のもとに走った。そして、永禄2年（1559）山内家の名跡と関東管領職を景虎に譲って滅亡した。

上田氏　武蔵国比企郡の松山城（比企郡吉見町）城主。源姓とも武蔵七党西党の末裔ともいう。本来は相模国に住んで扇谷上杉氏の重臣だったとみられ、相模守護代をつとめたともいわれる。その後、一族が武蔵国松山城主となって4代にわたって在城、上杉禅秀の乱では上田上野介が鎌倉六本松で討死している。扇谷上杉氏滅亡後は北条氏に仕えた。天正18年（1590）豊臣秀吉の小田原攻めで前田利家らに敗れて落城、帰農した。

太田氏　武蔵の戦国大名。清和源氏頼光流で源頼政の子広綱が祖。広綱の子隆綱は正治2年（1200）土御門天皇に仕えて丹波国五箇荘（京都府亀岡市）を与えられ、その孫資国が桑田郡太田郷（亀岡市）に住んで太田氏を称したのが祖。資国は丹波国上杉荘の上杉重房に仕え、建長4年（1252）上杉氏に従って鎌倉に下向。以後5代（7代とも）にわたって相模国に住み、愛甲郡に所領を有していたというが、はっきりしない。南北朝時代に武蔵国に所領を与えられて武蔵太田氏となり、室町時代には資清が扇谷上杉氏の持朝の執事となって活躍した。資清の子が資長（道灌）で長禄元年（1457）江戸城を築城した。上杉定正の重臣として活躍、一方鎌倉五山に学んだ学者でもあり、万里集九を江戸城に招いたり、建長寺・円覚寺の学僧らを招いて隅田川船上で詩歌会を開いたりしている。しかし、やがて主君定正との間に離齬が生じ、同18年讒言によって暗殺された。道灌の死後、太田氏は岩付（槻）太田氏と江戸太田氏に分裂。道灌の養子資家に始まる岩付太田氏は、資家の子資頼のときに北上してきた北条氏と対立し激しく争った。天文年間（1532〜55）資正は上杉氏方の有力武将として活躍したが、永禄7年（1564）長男氏資が北条氏康と結んで父資正を追放し、北条方に転じた。しかし、氏資は北条氏の命で里見氏を攻めて討死、事実上滅亡した。

春日氏　武蔵国足立郡の国衆。藤原北家長良流という。為季が足立郡春日山（北足立郡伊奈町）に住んで春日氏を称したのが祖という。事実上の祖は行元で、足利尊氏に仕えた。子行宗は鎌倉公方足利基氏に仕え、4代目以降は関東管領上杉氏に仕える。戦国時代は菅谷北城（上尾市菅谷）に拠って北条氏に属し、6代目の景定は天正18年（1590）の小田原落城の際に、北条氏房とともに高野山に移った。氏房の沒後、景定は徳川家康に召し出され、江戸時代は旗本となった。

長井氏　武蔵国の御嶽城（神川町）城主。もとは平沢氏を称して足利長尾氏の家臣だった。その後、政実は御嶽城に拠って長尾氏を離れ、北条氏に従って神流川流域を支配した。元亀元年（1570）武田氏の侵攻を受けて降り、以後は長井氏を称した。翌年、武田氏・北条氏の同盟が成ると御嶽城は北条氏によって接収され、政実は上野の三ツ山城（群馬県藤岡市）に転じた。武田氏滅亡後は越後に逃れ、江戸時代は旗本となった。

成田氏　武蔵国の戦国大名。藤原北家で、行成の弟の忠基が武蔵守となって埼西郡に土着。4代道宗の頃には幡羅郡まで勢力を広げ、助高のときに成田郷上之郷（熊谷市上之）に居館を構えて成田氏を称したとされる。ただし、横山党の出という説など異説もある。南北朝時代に没落したのち、文明年間頃、顕泰が忍城（行田市）を築城して移り、子親泰の代には戦国大名に発展し、上杉氏に従っていた。その子長泰は上杉氏から離れ、その子氏長は天正18年（1590）の豊臣秀吉の小田原攻めでは小田原城に籠城した。忍城は叔父の泰季が守ったが、石田三成の水攻めで開城。氏長は翌19年に下野烏山城主となり、関ヶ原合戦後では長忠が東軍に属して引き続き烏山を領した。

藤田氏　武蔵国榛沢郡の国衆。武蔵七党猪俣党の一つ。平安時代末期に藤田五郎政行が花園城（大里郡寄居町）を築城した。室町時代は足利氏、山内上杉氏を経て、天文15年（1546）の河越夜戦後に康邦（泰邦）が北条氏に従った。その後、北条氏康の子氏邦が養子となって藤田氏を継ぎ、康邦は用土で引退して用土氏を称したともいう。氏邦は鉢形城に移り、天正18年（1590）の豊臣秀吉の小田原攻めで鉢形城・花園城はともに落城した。

本庄氏　武蔵国児玉郡の国衆。児玉党の荘氏の末裔だが、祖とされる賀応に至る系譜ははっきりしない。鎌倉時代は幕府の御家人だった。戦国時代、実忠は山内上杉氏に属し、その滅亡後は北条氏に属して、弘治2年（1556）本庄城（本庄市）を築城。跡を継いだ近朝は、天正10年（1582）に滝川一益が厩橋城主となるとそれに仕えたが、まもなく北条氏につき、同18年の豊臣秀吉の小田原攻めでは小田原城に籠城し、落城とともに自害して滅亡した。

名門 / 名家

◎中世の名族

太田氏
（おおた）

武蔵の戦国大名。清和源氏頼光流で、源頼政の子広綱（仲綱の養子となる）が祖。隆綱は1200（正治2）年土御門天皇に仕えて丹波国五箇荘（京都府亀岡市）を与えられた。国綱の時丹波に下向し、国綱の子資国が桑田郡太田郷（亀岡市）に住んで太田氏を称した。資国は丹波国上杉荘の上杉重房に仕え、52（建長4）年上杉氏に従って鎌倉に下向、南北朝時代に武蔵国に所領を与えられて武蔵太田氏となり、室町時代資清が扇谷上杉氏の持朝の執事となって活躍した。

資清の子が資長（道灌）で、1457（長禄元）年江戸城を築城した。73（文明5）年扇谷上杉家の政真が武蔵五十子（本庄市）で戦死すると、跡を継いだ上杉定正の重臣として活躍。一方鎌倉五山に学んだ学者でもあり、万里集九を江戸城に招いたり、建長寺・円覚寺の学僧らを招いて隅田川船上で詩歌会を開いたりしている。しかし、やがて主君定正との間に齟齬が生じ、86（同18）年讒言によって暗殺された。道灌の死後、太田氏は岩付（槻）太田氏と江戸太田氏に分裂した。後に掛川藩主となった太田家では、みずからの江戸太田氏を直系としているが、本来太田氏の直系は、道灌の養子資家に始まる岩付太田氏である。

天文年間（1532～1555）、資正は上杉氏方の有力武将として活躍したが、1564（永禄7）年長男氏資が北条氏康と結んで父資正を追放し、北条方に転じた。しかし、氏資は北条氏の命で里見氏を攻めて討死、岩付太田氏は事実上滅亡した。

資正は二男政景と共に佐竹氏を頼り、69（同12）年小田城主となって北条氏に抗した。90（天正18）年の北条氏滅亡後も取り立てられることはなく、子政景・資武が共に結城秀康に仕えた。

安部家

武蔵岡部藩（深谷市）藩主。信濃国諏訪郡の出で、出自は諸説あり不詳。後駿河国安部谷（静岡市）に移って安部氏を称したが、名字の読みは「あべ」とも「あんべ」ともいう。今川氏滅亡後徳川家康に仕え、1590（天正18）年の家康関東移封の際に、信勝が武蔵国榛沢郡・下野国梁田郡で5250石を領したのが祖。その子信盛は徳川家綱に仕えて1649（慶安2）年摂津国で1万石を加増されて1万9250石となり、諸侯に列した。その後、分知や加増があり、2万250石となる。1705（宝永2）年信峯の時に岡部村（深谷市）に陣屋を建立して岡部藩となった。1868（慶応4）年信発は自領である三河半原（愛知県新城市）に移り半原藩と称した。84（明治17）年信順の時に子爵となる。

綾部家

川越城下（川越市）で「麻利」と号した豪商。丹波国綾部の出で、柿本人麻呂の末裔と伝える。塩・油・肥料などを扱い、代々利右衛門を称して、川越藩の御用達であった。9代目は川越新河岸の運河開削に巨費を投じ、開削後は回漕店も経営。維新後、10代目は第八十五国立銀行（後の埼玉銀行）の創立に参画して頭取となり、川越市初代市長もつとめた。

大岡家

岩槻藩（さいたま市）藩主。藤原北家といい、大岡忠相の出た大岡家と同族。300石の旗本だったが、1724（享保9）年忠光が徳川家重の小姓となり、45（延享2）年の家重の将軍就任後は、言語不自由な将軍に近侍して異例の立身を遂げた。51（宝暦元）年上総勝浦で1万石を領して諸侯に列し、56（同6）年側用人となって2万石を領し、武蔵岩槻に転じた。9代忠固の時若年寄となって2万3000石に加増された。1884（明治17）年忠貫の時に子爵となる。

奥平家

忍藩（行田市）藩主。三河国設楽郡の国衆奥平氏の末裔。奥平忠明は1588（天正16）年に母方の祖父に当たる徳川家康の養子となって松平氏を名乗り、1602（慶長7）年父祖の地である三河作手藩1万7000石を立藩したのが祖。

大坂の陣後大坂城代となって10万石を領し、19（元和5）年大和郡山12万石、39（寛永16）年播磨姫路18万石に転じた。忠弘の時分知で15万石となり、51（慶安4）年山形、68（寛文8）年宇都宮を経て、81（天和元）年陸奥白河15万石に入封したが、藩内の抗争が原因で92（元禄5）年にいったん閉門となり、出羽山形10万石で再興した。以後、1700（同13）年備後福山、10（宝永7）年伊勢桑名10万石を経て、1823（文政6）年忠堯の時に武蔵忍10万石に転じた。84（明治17）年忠敬の時に子爵となる。

渋沢家（しぶさわ）

榛沢郡血洗島（ち あらいじま）（深谷市）の豪農。甲斐国巨摩郡渋沢村（山梨県北杜市）発祥で甲斐源氏の一族というが不詳。天正年間（1573〜92）に「遠西の家」と「遠前の家」の二家が帰農。その後、「遠前の家」から「前の家」と「中の家」が分家、「前の家」からさらに「東の家」が分家した。

「中の家」は代々市郎左衛門を称した。江戸時代末期に「東の家」から養子となって継いだ市郎右衛門（晩香）は、養蚕や藍玉つくりで家運の傾いていた同家を再興して豪農となり、名主となって名字帯刀も許された。その子栄一は、「東の家」の喜作と共に一橋慶喜に仕えて幕臣となる。維新後は実業界で活躍、1900（明治33）年男爵、20（大正9）年子爵となる。戦後、孫の敬三は幣原内閣の蔵相や日本銀行総裁を歴任する傍ら、民俗学者としても著名。栄一の四男秀雄は東宝の会長をつとめた他、田園調布を開発した実業家として知られる。

戸谷家（とや）

中山道本庄宿（本庄市）で中屋と号した豪商。江戸時代中期の享保年間（1716〜1736）頃に独立し、太物・小間物・荒物などを商って財を成した。1773（安永2）年には名字帯刀を許されている。また、江戸町奉行根岸肥前守の『耳嚢』（みみぶくろ）に「本庄宿鳥谷三右衛門」として記載があるなど、近在に聞こえた豪商であった。本家は代々半兵衛を称し、分家に半蔵家がある。

船川家（ふなかわ）

葛飾郡平須賀村（幸手市平須賀）の旧家。天慶年間（938〜947）に南紀熊野から平須賀に移り住んで、同地を開発したと伝え、現在までに50代を数えるという旧家。江戸時代は代々名主をつとめ、幕末には異国船が来て戦乱となったら、領主稲葉家の妻子を預かることになっていたとい

う。なお、古くは「船河」とも書いた。

松井家

（まつい）

　川越藩主。清和源氏で、源為義の子松井冠者維義の末裔という。戦国時代以降松平氏を称した。康重が徳川家康に仕えて武蔵私市で2万石を領したのが祖。

　関ヶ原合戦後、1601（慶長6）年常陸笠間藩3万石を立藩。08（同13）年丹波八上5万石に転じ、翌年篠山城を築城して篠山藩となった。さらに、19（元和5）年和泉岸和田6万石に加転。子康映は40（寛永17）年播磨山崎5万石、49（慶安2）年石見浜田5万1000石に転封。その後、下総古河、三河岡崎を経て、1769（明和6）年石見浜田に再入封、康福・康任・康爵は老中をつとめた。1836（天保7）年陸奥棚倉に転じた後、65（慶応元）年康英は老中となって、翌年武蔵川越8万400石に移った。69（明治2）年康載は松井氏に復し、84（同17）年康義の時に子爵となる。

矢尾家

（やお）

　秩父郡大宮郷（秩父市）で升屋と号した豪商。初代喜兵衛は近江の日野商人として矢野新右衛門の店に奉公、1749（寛延2）年に独立して大宮郷で酒造業を始めた。この時、主家から一字を取って名字を本来の大橋から「矢尾」に改めている。江戸時代後期の4代目喜兵衛の頃から、酒造業の他に質屋や絹買継商も始め、維新後は物品販売が主力となる。現在は9代目で、秩父市で矢尾百貨店を経営する。

山崎家

（やまざき）

　川越城下（川越市）で亀屋と号した和菓子の老舗。初代嘉七は信濃国中野から川越の和菓子店に奉公に出、天明年間（1781〜1789）頃に独立して亀屋を創業した。3代目嘉七の時に川越藩御用達となり、1847（弘化4）年には京都嵯峨御所（大覚寺門跡）より亀屋河内大掾の称号を賜わる。維新後は4代目嘉七が第八十五銀行頭取や川越商工会議所初代頭取を歴任するなど、実業界でも活躍した。

横田家

（よこた）

　川越城下（川越市）の豪商。近江国の出で、米穀商の傍ら酒造業や醤油醸造業を営み、新河岸川の舟運で財を成した。1791（寛文3）年には川越藩御用達となり、江戸を除く武蔵国では最大の豪商ともいわれた。維新後、五郎兵衛は第八十五国立銀行の発起人の一人ともなっている。

博物館

鉄道博物館
〈C57形蒸気機関車〉

地域の特色

関東平野の中西部にある内陸県。面積は約3,800平方キロメートルで47都道府県中39位。山地面積がおよそ3分の1、残りの3分の2が平地である。山地は西部の秩父地域で、地質学的にも特徴がありジオパークにも指定されている。河川の面積の割合が高く全国第2位。主要な河川は利根川と荒川で、県境を流れる利根川に対し、荒川は甲武信岳の埼玉側を源として県内の中央部を流れ東京湾に注ぐので、埼玉の「母なる川」といわれる。荒川をテーマにした「川の博物館」もある。県名の由来ともいわれる埼玉古墳群があるように古くから人が住んでいた。江戸幕府の五街道のうち中山道と日光道中（奥州道中）が県内を通り、近代に入っても鉄道や道路が整備され首都と北日本を結ぶ交通の要である。人口は全国5位の約735万人で、東京で働く人も多い。

埼玉県誕生100年を記念して1971（昭和46）年に竣工した旧埼玉県立博物館（現「歴史と民俗の博物館」）は県内外の博物館のリーダー的な存在でもあり、県内の博物館の充実にも貢献している。多様な県立の博物館があったが、2006（平成18）年に「県立博物館施設再編整備計画」が策定され再編された。

埼玉県博物館連絡協議会（事務局 県立歴史と民俗の博物館内）があり、全体でも東北部・西部・南部・秩父の四つの地域ごとでも研修会や見学会など活発な活動を実施している。学校、博物館が連携して教育活動を行う「博物館・美術館等を活用した子供パワーアップ事業」も進んでいる。

主な博物館

埼玉県立歴史と民俗の博物館　さいたま市大宮区高鼻町

埼玉県の中核的な人文系博物館。国宝重要美術品仏画図録などを所蔵して

いる。常設展示のテーマは「埼玉における人々のくらしと文化」。歴史、美術、民俗の展示があるが大部分は歴史で8室、美術、民俗が各1室の構成になっている。入場無料の体験学習ゾーン「ゆめ・体験ひろば」があり、体験型展示や郷土の伝統文化、ものづくり体験ができる屋内施設と、木製電柱、土管、スバル360などで昭和30〜40年代の雰囲気を再現した屋外施設「昭和の原っぱ」がある。ここでは、メンコ、フラフープ、紙芝居などを体験できる。

建物は埼玉県誕生100年を記念して1971（昭和46）年に竣工した旧埼玉県立博物館で、設計は前川國男。県立博物館の再編整備により旧県立民俗文化センターを統合し、2006（平成18）年に「歴史と民俗の博物館」として再出発した。旧県立民俗文化センターは1980（昭和55）年に開所した「わざの博物館」。民俗芸能・民俗工芸を対象とする無形文化財を中心とした全国に先駆けた施設であった。

鉄道博物館　さいたま市大宮区大成町

JR東日本創立20周年記念として2007（平成19）年に開館。18（平成30）年に南館を増設し、常設展示も全面的にリニューアルした。

車両・歴史・仕事・科学・未来の五つのステーションで常設展示を構成している。「車両ステーション」は館内最大の展示室で、1号機関車（1871（明治4）年製造）国指定重要文化財、ED40形電気機関車（1921（大正10）年製造）国指定重要文化財など36両の歴史的車両を展示している。

鉄道を支えるさまざまな仕事に挑戦する「仕事ステーション」や、1周300メートルのコースを3人乗りミニ車両で運転できる「ミニ運転列車」など体験型の展示も多い。キッズプラザ、キッズライブラリーなど子ども向けのコーナーも充実している。屋上展望スペースから、実際の新幹線や在来線が走る姿を見ることができる。

展示されている車両を含む歴史的資料の多くは2006（平成18）年に閉館した交通博物館（東京都千代田区。前身は1921（大正10）年開館の鉄道博物館）から引き継いだもの。

埼玉県こども動物自然公園　松山市岩殿

1980（昭和55）年に開園。岩殿丘陵の46ヘクタールの敷地に、200種1,600

点を超える動物が飼育展示されている。シカとカモシカの谷では、丘陵の地形を生かした放し飼い展示により、自然に溶け込む動物たちを探すことができる。ペンギンヒルズは、フンボルトペンギンが棲むチリのチロエ島をモデルにした約4千平方メートルの生態園で、水平方向からは泳ぐ様子が、緑に囲まれた丘では歩き回る姿が観察できる。ネズミの仲間などの「エコノミーで節約」な暮らしぶりを表現した「eco ハウチュー」と呼ぶ施設もある。なかよしコーナーでは、子どもたちが、ヤギ、ヒツジなどの放し飼いの動物たちと自由に触れ合え、ウサギやモルモットなどを抱くことができる。この他、敷地内には国際児童年記念館、動物の剥製や標本を展示している森の教室、大東文化大学ビアトリクス・ポター（絵本ピーターラビットの作者）資料館なども設置されている。

さいたま水族館　羽生市三田ケ谷

1983（昭和58）年に開館し、県内と都内を流れる荒川の約200キロメートルを、上流から河口部までを下るように展示配列し、県内に生息する魚類約70種、両生爬虫類、甲殻類などを中心に合計約130種を飼育展示している。天然記念物のミヤコタナゴやムサシトミヨの他、世界の代表的な熱帯魚も展示、敷地内の池ではコイやチョウザメに給餌体験もできる。特別展示棟では、通常展示していない生き物を紹介。移動水族館も実施している。

埼玉県立川の博物館　大里郡寄居町小園

愛称「かわはく」。「埼玉の母なる川」荒川に関する総合博物館で荒川に面して立地している。常設展示のメインテーマは「荒川と人々のくらしとの関わり」。実際に水を流す鉄砲堰実演などがある。屋外には荒川の源流から河口（東京湾）までを表現した巨大パノラマ「荒川大模型173」や、直径24.2メートルで日本一の「大水車」など、ダイナミックな展示がたくさんある。県民も参加して1983（昭和58）年から実施した荒川の総合調査の成果を踏まえて97（平成9）年に開館。

埼玉県立自然の博物館　秩父郡長瀞町長瀞

埼玉県の自然に関する中核館。世界で最も多く秩父から発見されている海獣パレオパラドキシアなどを展示するオリエンテーションホールと、豊

富な岩石・化石で埼玉の大地の成り立ちを学べる地学展示ホール、高さ8メートルの森の巨大ジオラマなどがある生物展示ホールで常設展示を構成する。秩父・長瀞地域は地質見学の聖地で博物館には「日本地質学発祥の地」の碑もある。1921（大正10）年秩父鉄道が開設した「鑛物植物標本陳列所」が博物館のルーツ。

日本工業大学工業技術博物館　南埼玉郡宮代町学園台　日本工業大学内

　工場のような建物の中に、工作機械など250台以上の機械や復元した町工場を展示。このうち178点が国の登録有形文化財に、63点が近代化産業遺産に指定されている。特筆すべきは多くの機械が動態保存であること。1891年英国製の蒸気機関車は、キャンパス内に敷かれたレールの上を定期的に有火運転している。また、自転車、体重計、ミシンなど身近な工業製品の特別展も開催。1987（昭和62）年に学園創立80周年記念事業として開設された。

埼玉県立さきたま史跡の博物館　行田市埼玉

　9基の古墳を中心とした広大な「さきたま古墳公園」にある考古学専門の博物館。国宝展示室では、国宝の鉄剣やヒスイの勾玉や鏡帯金具、埼玉古墳群の各古墳からのさまざまな出土品を展示している。企画展示室（テーマ展）では、古墳や県内出土の考古学資料を活用したさまざまな企画展を開催している。公園内の将軍山古墳は展示館となっており、石室の内部が見学できる。古墳公園を含む「埼玉古墳群」は国の特別史跡である。

行田市郷土博物館　行田市本丸

　忍城の本丸跡地にある歴史民俗系博物館。常設展示は古代、中世、近世の行田および行田の足袋の四つのコーナーで構成されている。行田の足袋産業は江戸時代に始まり、明治以降機械化を進め昭和時代には生産の最盛期を迎えた。所蔵の「行田の足袋製造用具及び関係資料」5,484点は国の重要有形民俗文化財。博物館に隣接する復元された忍城の御三階櫓の内部も歴史展示室で、最上階は展望室になっている。

埼玉県平和資料館（埼玉ピースミュージアム）　東松山市岩殿

　風化する戦争体験を継承し、平和の大切さを考えるための資料館。常設展示室では昭和初期から終戦までの県民と戦争との関わりを歴史的な移り変わりの中で理解できる。教室や防空壕が再現され戦時中の小学生の一日を擬似体験できるコーナー、戦争体験者の証言映像のコーナーが。収蔵資料を自由に見ることができる分類展示室もある。多くの人が気軽に立ち寄れるようにと、関東平野を一望できる高さ40メートルの展望塔を設置。

川越市立博物館　川越市郭町

　川越城の二の丸跡にある歴史民俗系博物館。常設展示は城下町の大模型がある「小江戸川越」に始まり、「近代都市川越の発展」、「武士の活躍と川越」、「川越のあけぼの」、蔵造りの原寸大断面模型もある「川越の職人とまつり」で終わる構成。体験学習室では機織りや昔の遊びを体験できる。教員出身の職員もいて、学校用教材の整備や出前授業の実施など、学校との連携に力を入れている。本丸跡には御殿が保存されていて見学できる。

所沢航空発祥記念館　所沢市並木（所沢航空記念公園内）

　県立の航空専門博物館。航空記念公園の中にある。ここは、1911（明治44）年開設の日本初の飛行場である臨時軍用気球研究会所沢試験場があった「日本の航空発祥の地」。常設展示は吹き抜け二層の空間にアンリ・ファルマン機などの歴史的飛行機、航空技術の基本や発達史、さらにはフライトシミュレーター、航空管制などの体験展示が展開している。大型映像館もある。屋外にも戦後初の国産旅客機YS-11などの航空機が展示されている。

さいたま市岩槻人形博物館　さいたま市岩槻区本町

　人と人形の歴史を探り、未来へと人形文化を継承する日本初の公立の人形専門博物館。伝統的な技法を中心に紹介する展示室1「埼玉の人形作り」と、日本画家で人形玩具研究家である西澤笛畝の日本人形のコレクションを中心に紹介する展示室2「コレクション展示　日本の人形」で常設展示を構成している。博物館のある岩槻区は大正時代から人形産業が盛んになり、高度経済成長期には県内最大の人形の製作拠点となった地域。

塙 保己一記念館 <small>はなわ ほ き いち き ねんかん</small>　本庄市児玉町八幡山（アスピアこだま内）

　地元出身の江戸時代の国学者、7歳で失明した塙保己一の資料館。八角形の展示室に遺品や関係資料（埼玉県指定文化財）を展示している。特に視覚障がい者に配慮し、触って読める触知案内板や音声ガイドなどを導入している。保木野地区には茅葺の生家（国指定史跡）と墓が残されている。

渋沢栄一記念館 <small>しぶさわえいいち き ねんかん</small>　深谷市下手計

　日本経済の父と呼ばれた地元出身の実業家渋沢栄一の記念館。館内には遺墨や写真などの展示、映像の上映などがある。近くには栄一が帰郷した際に寝泊まりした旧渋沢邸「中の家」、都内から移築したゆかりの建物「誠之堂」（国の重要文化財）、「清風亭」（県指定文化財）も保存されている。

三峰山博物館 <small>みつみねさんはくぶつかん</small>　秩父市三峰

　「お犬様」と呼ばれるオオカミ信仰で有名な三峰神社の博物館。常設展示は三峯講の人たちに関する「三峰山詣」、主として修験の山として栄えた観音院時代の資料を展示する「三峰山の宝物」、秩父宮家下賜の品を中心に展示する「秩父宮家と三峰山」の三つのコーナーで構成している。

戸田市立 郷土博物館 <small>と だ し りつきょう ど はくぶつかん</small>　戸田市新曽

　戸田市の歴史、文化、自然に関する総合博物館。常設展のテーマは「荒川の流れと収穫の日々：低湿地のくらし」で、低湿地である戸田の自然と歴史を紹介。分館として荒川の広大な第一調節池の「彩湖」のほとりに、その自然を紹介する彩湖自然学習センター（戸田市大字内谷）がある。

入間市博物館 ALIT <small>いる ま し はくぶつかん アリット</small>　入間市二本木

　地域とお茶を主要テーマにした総合博物館。「こども科学室」「入間の自然」「入間の歴史」「茶の世界」で常設展示を構成。茶のコーナーには室町時代の「小屋掛けの茶屋」、千利休が建てた二畳の茶室の実物大復元などがある。入間市は「狭山茶」の主産地で、生産量、栽培面積も県内最大。

埼玉県立嵐山史跡の博物館　比企郡嵐山町菅谷

　鎌倉時代の武蔵武士畠山重忠が居住した平城「菅谷館」跡にある「中世の城と武士の専門博物館」。常設展は畠山重忠のロボットによる自身と博物館の紹介、秩父氏の本拠嵐山町、回転劇場〜太平記絵巻にみる戦支度〜、国指定史跡比企城館跡群、供養と埋葬の五つのコーナーで構成している。

飯能市立博物館　飯能市飯能

　飯能の文化と自然の総合博物館。愛称「きっとす」。「里」「町」「山」「飯能今昔」の四つのゾーンのある歴史展示室、飯能の特産品の「飯能と西川材」コーナー、自然の魅力を知り、現地での体感、体験に備える「身近な自然」コーナーで常設展示を構成。体験型の「名栗くらし展示館」もある。

角川武蔵野ミュージアム　所沢市東所沢和田

　図書館・美術館・博物館融合の文化施設。巨大本棚に囲まれた「本棚劇場」、考古民俗資料も展示する「武蔵野回廊」「武蔵野ギャラリー」「荒俣ワンダー秘宝館」や「エディットタウン」「マンガ・ラノベ図書館」などで構成している。株式会社KADOKAWAが母体の角川文化振興財団が運営。

滑川町エコミュージアムセンター　比企郡滑川町福田

　地域の自然や文化全体を博物館と捉え、保存、活用するエコミュージアムの拠点施設。地域の自然や文化などの情報収集や提供を行っている。県内では絶滅したと考えられていた魚類ミヤコタナゴが町内の沼で1985（昭和60）年に発見され、これの人工繁殖や野生復帰に向けた取り組みも行っている。

学校給食歴史館　北本市朝日

　学校給食の歴史資料などを収集、展示する専門博物館。公益財団法人埼玉県学校給食会が設立運営。常設展示は学校給食発祥の地（山形県鶴岡町）の記念碑、歴史年表、年代別給食のサンプル展示、給食風景、学校給食調理コンクール、（サッカー日韓）ワールドカップ給食、学校給食用食器の各コーナーで構成されている。

さいたま文学館　桶川市若宮

　埼玉県ゆかりの文学作品や作家を幅広く扱う総合的文学館。常設展示は彩の国の文学全体のガイダンス的な展示室1、近代文学の流れやゆかりの文学者のメッセージや資料を紹介する展示室2で構成されている。展示室3は企画展示室。桶川市民ホールとの複合施設として、一体的に運営。

SKIP シティ映像ミュージアム　川口市上青木

　映像の歴史や仕組みを学び、つくり方を体験できる映像専門博物館。常設展示は映像学習ゾーンと映像制作ゾーンで構成。埼玉県が推進する映像関連産業を核とした次世代産業の導入・集積を図る SKIP シティプロジェクトの中核施設彩の国ビジュアルプラザ内の六つの施設の一つ。

熊谷市立荻野吟子記念館　熊谷市俵瀬

　荻野吟子（1851〜1913）は日本の近代女性医師第1号で熊谷市出身。自身の体験で女性医師の必要性を痛感し医師を目指す。当時女性は医師試験を受験できなかったが克服し合格。生誕の地は史跡公園で、隣接する記念館は生家の長屋門を模した建物。展示は生涯を年表や資料で紹介。

片倉シルク記念館　熊谷市本石

　片倉工業（株）は長野県で創業し最大62カ所の製糸工場を持った絹産業の会社。熊谷工場を閉鎖し同社の121年間の製糸業の歴史を終える記念に工場の繭倉庫を利用して開館。展示では工場で使った製糸機械や生糸製造の過程、工場内での生活等を紹介。「近代化産業遺産」認定された。

武甲山資料館　秩父市大宮（羊山公園内）

　武甲山の全貌を後世に伝えるため設立された資料館。武甲山は信仰の山であり、独特な自然があったが石灰岩採掘によって大きく変貌した。展示は秩父山地のおいたち、武甲山地形と地質、石灰岩の利用、植物、動物、社会の変遷、暮らし、石灰石の採掘などのコーナーで構成している。

名　字

〈難読名字クイズ〉
①生明／②飛鳥馬／③重昆／④
歩行田／⑤強瀬／⑥権上／⑦道
祖土／⑧食堂／⑨集貝／⑩千装
／⑪廿浦／⑫手計／⑬舎利弗／
⑭設永／⑮陽遊

◆地域の特徴

　埼玉県は東京のベッドタウンとして人口が急激に増加した地域で、上位の名字は東京とほとんど変わらないが、県北部や秩父地区ではまだ埼玉県本来の名字を多く残している。

　そうしたなか目立つのは8位の新井。新井は県北部に多く、ベッドタウン化が進む前の古い資料では、鈴木に次いで県内第2位だったともされ、荒井とととともに、埼玉県から群馬県にかけての利根川流域にたいへん多い。

　次いで32位の栗原が特徴。栗原も埼玉県と群馬県に多い名字で、埼玉県の32位という順位は群馬県の33位を上回って全国一。なお、県内では「くりばら」と濁ることも多い。

　41位以下では、54位根岸、56位田島、58位浅見、63位高野、71位吉野、76位黒沢、85位長島などがベスト100に入っているのが特徴。このうち、浅見は埼玉県を代表する名字の一つだが、それ以外はいずれも埼玉県独特というわけではない。

名字ランキング（上位40位）

1	鈴木	11	吉田	21	石井	31	岡田
2	高橋	12	伊藤	22	石川	32	栗原
3	佐藤	13	金子	23	山本	33	関口
4	小林	14	清水	24	内田	34	青木
5	斎藤	15	松本	25	橋本	35	野口
6	田中	16	山崎	26	中島	36	斉藤
7	渡辺	17	木村	27	小川	37	森田
8	新井	18	山田	28	井上	38	小島
9	中村	19	関根	29	佐々木	39	遠藤
10	加藤	20	山口	30	長谷川	40	池田

根岸と田島は群馬県と埼玉県の県境の両側に集中している名字で、旧児玉町（本庄市）では根岸が最多だった。吉野は埼玉県から千葉県にかけて広がる名字で、旧南河原村（行田市）で最多である。

　高野は関東甲信越一帯に広がる名字で、埼玉県北部では「こうの」と読むことも多い。県全体では「こうの」は1割以下だが、深谷市では高野の半数近くが「こうの」である。

　黒沢は関東から東北にかけての名字で、県内では秩父地方に激しく集中している。長島は人口比では埼玉県が全国一高く、ベスト100に入っているのも全国で埼玉県のみだが、分布としては関西から静岡県にかけて広く分布しており、埼玉県独特というわけではない。

　101位以下では、柴崎が人口比でも実数でも全国一。県内では西部から北部にかけて広がっており、とくに深谷市や寄居町に集中している。それ以外では、柿沼、並木が200位以内に入っているのも特徴。柿沼は県北部、並木は県南部に多く、並木は新座市・所沢市と、東京都の清瀬市・青梅市の4市に集中している。

　地域差の少ない埼玉県だが、秩父地方には独特の名字も多い。これは、埼玉県のなかでは交通の便が悪く、都市化が進んでいないことや、もともと武蔵七党の一族が広がっていたことなどが理由である。主なものには、秩父市の浅海、浅賀、荒船、千島、引間、小鹿野町の出浦、強矢、長瀞町の染野、中猿、皆野町の設楽、太幡、四方田、横瀬町の赤岩などがある。

　また、県北部では、本庄市の小茂田、境野、寄居町の鳥塚、上里町の入、嵐山町の強瀬、権田なども独特。

● 「あさみ」「あざみ」と読む名字

　ベスト100の中では、58位の浅見が唯一埼玉県独特の名字といえる。秩父地方を中心に、奥多摩から群馬県南部にかけての地域に、全国の浅見さんの約半数が在住している。

　この「あさみ」という名字には漢字のバリエーションが多い。ルーツは本庄市にある阿佐美という地名で、ここには武蔵七党の一つ、児玉党に属した阿佐美一族がいた。阿佐美氏は鎌倉幕府の御家人となって関東西部に広がり、いろいろな漢字を書くようになった。

　現在では浅見と書くものが圧倒的に多く、旧神泉村（神川町）では村民の1割以上が浅見さんだった。また、横瀬町では最多となっているほか、

旧名栗村（飯能市）にも多い。浅見に次いで多いのが本来の書き方である阿佐美で、県北部の神里町から群馬県前橋市にかけて多い。以下、阿左美、阿左見、阿佐見の順に多く、他にも朝見、浅味とも書く。読み方も「あざみ」と濁ることもあり、漢字も薊や莇、生明に変化したものもある。

●熊谷氏

　埼玉県内の地名をルーツとする一族は多いが、一番有名なのは熊谷一族だろう。

　熊谷氏は武蔵国大里郡熊谷郷（熊谷市）がルーツで桓武平氏の一族。平維方の二男盛方は北面の武士だったが、罪を得て誅せられ、子直貞が武蔵国熊谷に逃れて熊谷氏を称したのが祖。熊谷直実は源頼朝の挙兵に従い、源平合戦では西国を転戦した。なかでも、一の谷合戦の際に平敦盛を討ち取る場面は、『平家物語』の「敦盛最期」で有名で、能など多くの演劇でも取り上げられている。

　鎌倉時代になると各地に所領を賜り、一族は各地に広がった。なかでも陸奥気仙沼・安芸・近江・三河の熊谷氏が著名で、現在でも宮城県東部には熊谷がきわめて多い。また、鳩居堂を創業した熊谷家など、各地の熊谷家はこの末裔と伝えている。現在は東北に多く、県内では200位以下。

●武蔵七党

　埼玉県には名字のルーツとなった地名が多い。これは、平安時代末期から関東地方に多くの武士が生まれ、彼らが自らの支配する土地の地名を名字として名乗ったからだ。そのなかでも、とくに武蔵七党といわれた武士団が著名で、県内各地に広がっていた。

　武蔵七党のうち、最も広がったのが古代豪族有道氏の子孫である児玉党で、本拠地は武蔵国児玉郡児玉郷（本庄市）。この児玉郷、平成の大合併で本庄市の一部になってしまったが、それまでは埼玉県児玉郡児玉町児玉という、いかにも児玉さんのルーツといった地名だった。実際、児玉は全国順位224位というメジャーな名字ながら、全国の児玉さんのルーツはほぼこの地に行きつくといわれている。

　一族には、庄、四方田、塩谷、富田、阿佐美、浅羽、小代、真下、生越、小見野、粟生田、吉島、山名、矢島、竹沢、秩父、稲島、大類、大浜、小幡、奥平、大渕、倉賀野などがある。

　児玉党と並んで多くの子孫が出ているのが丹党である。古代豪族多治比

氏の末裔で丹治氏を称し、一族は丹治を省略して丹党と呼ばれた。

　丹党の名字には、中村、竹淵、塩屋、大河原、黒谷（くろや）、岡田、小鹿野（おがの）、坂田、大窪、横瀬、織原、秩父、勅使河原（てしがわら）、堀口、青木、新里、由良、安保（あほ）、長浜、滝瀬、志水、加治、白鳥、岩田、井戸、野上などがある。

　丹党と同じく武蔵西部に広がった猪俣党も末裔が多い。小野妹子や小野道風で知られる朝廷貴族の小野氏の一族が、武蔵の地方官僚となってそのまま住みつき、猪俣氏を名乗ったのが祖という。

　源平合戦では猪俣範綱や、一族の岡部忠澄が活躍した。忠澄は一の谷合戦で、平忠度を討ち取ったことで有名。岡部氏は戦国時代まで武蔵の有力氏族として続き、江戸時代には1,500石の旗本となった。

　猪俣党には人見、甘糟、藤田、内島、蓮沼、横瀬などの諸氏がある。

　村山党の本拠地は武蔵国多摩郡村山で現在では東京都だが、一族には、大井、宮寺、金子、難波田（なんばた）、多賀谷、須黒、仙波など埼玉県域を本拠とした氏族も多い。

　このうち、武蔵国入間郡金子郷（入間市金子）をルーツとする金子氏は全国に広がっている。中世、伊予国や安芸国にあった金子氏もこの末裔と称しているなど、全国の金子氏は村山党金子氏を祖とするというものが多い。また、多賀谷氏の末裔は戦国時代まで有力氏族として続き、豊臣秀吉のもとでは常陸下妻で6万石を領した大名であった。

　この他、埼玉県東部を本拠とした野与党からは、多名、萱間、多賀谷、笠原、西脇、白岡、渋江、柏崎、戸田、高柳、八条、野島などが生まれている。

◆埼玉県ならではの名字

◎遊馬（あそま）

　埼玉県の名字で、全国の7割が埼玉県にある。さいたま市と草加市に地名があり、現在もさいたま市に集中している。とくに岩槻区に多い。

◎越阪部（おさかべ）

　所沢市の名字。全国の約8割が所沢市にあるという所沢市独特の名字で、とくに牛沼地区に集中している。刑部から漢字が変化したものか。越坂部とも書く。

◎強矢（すねや）

　全国の8割弱が埼玉県にあり、その大半が秩父市と小鹿野町に集中して

いるという、埼玉県を代表する独特の名字の一つ。とくに小鹿野町に多い。秩父市では強谷とも書く。

◎代

埼玉県に多い名字。全国の約半数が埼玉県にあり、熊谷市・行田市・鴻巣市に集中している。武蔵国大里郡代村（熊谷市代）がルーツだが、代村は古くは台村とも書き、名字も「台」から変化したものもあるとみられる。「台」も関東地方に多く、とくに埼玉県北部の羽生市や加須市に集中している。「台」とは自然堤防上の集落を意味する地形由来の名字で、埼玉県内には台村という地名が複数あり、これらをルーツとするものもある。なお、東京では古語に由来する「うてな」とも読む。

◎昼間

県南部の昼間という名字は、旧字体を使用する晝間と合わせると200世帯以上もあり、県内に限定すればそれほど珍しい名字とはいえない。この名字は徳川家康から拝領したものである。家康が関東に入国して夜に川を渡ろうとした際、村人が松明を持って集まり、渡河を助けたという。それに感激した家康が、集まった村人に、昼間のように明るかった、として昼間という名字を与えたのが始まり。特定の個人に与えた名字はそれほど多くはならないが、村人全員に与えたため、昼間さんの子孫は多い。また、比留間や蛭間、肥留間に変化したものもある。

◎宮根

埼玉県に多い名字で鶴ヶ島市付近に集中している。本来は神社の近くに住む宮本一族だったが、宮本という武家が赴任してきたため、同じ意味の宮根に変えたと伝える。この他、関西から中国地方にかけても点在する。

◆埼玉県にルーツのある名字

◎埼玉

きわめて珍しい名字で、ルーツはもちろん埼玉県にあるが、県名に由来するのではなく、行田市にある埼玉という小さな地名である。この近くには鉄剣が出土したことで有名な稲荷山古墳をはじめ、数々の古墳群があるなど古代に栄えていた地で、ここに住んだ人が名乗ったものである。

◎勅使河原

漢字4文字の名字で最も数の多い勅使河原のルーツが県内にある。武蔵国賀美郡勅使河原（児玉郡上里町勅使河原）がルーツで、丹党の出。勅使

河原有直は源頼朝に従い、南北朝時代、直重は南朝に属し新田義貞に従った。現在は仙台市には多い。なお、4文字名字で2番目に多いのも勅使川原で、ルーツは同じである。

◎四方田

関東地方西部の名字。全国の4割以上が埼玉県にあり、秩父地方に集中している。武蔵国児玉郡四方田村（本庄市四方田）がルーツで、武蔵七党児玉党の四方田氏の末裔。

◆珍しい名字

◎道祖土

埼玉県の名字で、比企郡川島町周辺に多い。道祖神は村の境目にあって、村外からの疫病や悪霊の襲来を防ぐもの。現在は「どうそしん」と音読みするが、本来は「さいのかみ」といった。また、道祖神の祭りである左義長も「さいとやき」といわれ、「道祖土焼」の漢字をあてた。ここから、道祖土という名字が生まれたとみられる。

◎左衛門三郎

漢字5文字の名字は、公家の子孫の勘解由小路と合わせて2つだけしか現存しない。読み方は「さえもんさぶろう」で、「左衛門府に勤めていた三郎さんの末裔」という意味の名字だとみられる。

◎廿浦

蓮田市の名字で、これで「つづうら」と読む難読名字。「廿」という漢字は「20」という意味で、古くは20を「つづ」といったことに由来している。

◎舎利弗

寄居町や深谷市には舎利弗と書いて「とどろき」と読む名字がある。漢字表記と読み方が全く対応していない不思議な名字といえる。舎利弗とは釈迦の高弟で、通常は「しゃりほつ」と読む。寄居町には轟も多く、轟からの名字を変えたものだろう。

〈難読名字クイズ解答〉

①あざみ／②あすま／③かさひ／④かちだ／⑤こわせ／⑥ごんじょう／⑦さいど／⑧じきどう／⑨ためがい／⑩ちぎら／⑪つづら／⑫てばかり／⑬とどろき／⑭のぶなが／⑮ようゆう

II

食の文化編

米 / 雑穀

地域の歴史的特徴

1621（元和7）年に関東郡代の伊奈忠治が大規模な利根川の治水事業に着手し、利根川の流れを渡良瀬川につないだ。1727（享保12）年には紀州の井沢弥惣兵衛が見沼代用水工事を開始した。翌年完成し、見沼新田を開発した。

1871（明治4）年11月14日に埼玉県が誕生した。県名の由来については、①上野からこの地を経て、国府の所在地だった多摩に入るのが古代の順路だったためサキ（前）タマ、②サキ（前）とタマ（曲流地、湿地帯域）の前方、の二つの説がある。直接には、行田市付近の古名である埼玉郷からとっている。

同県は11月14日を「埼玉県民の日」と定めている。ただ、当時の埼玉県は荒川の東側の地域だけで、西側は入間県だった。1873（明治6）年に入間県は群馬県と合併して熊谷県の一部になった。1876（明治9）年には、熊谷県を廃止し、旧入間県を埼玉県に合併し、現在とほぼ同じ形になった。

豊かな米作地帯だった草加では、昔からコメを団子にして干し、保存食にする習慣があり、江戸時代からせんべいが売られていた。大正時代、天皇に献上したことで草加せんべいの名が全国に知られるようになった。

コメの概況

埼玉県の耕地面積に占める水田の比率は55.4％で、全国平均をわずかに上回っている。埼玉県における米づくりのスタイルは地域ごとに異なる。加須市、久喜市、羽生市などの東部地域は、4月に田植えをして8月に出荷する早場米地帯である。利根川と荒川に挟まれたこの地域では台風や秋の長雨で水害にあったことがあり、それを避けるためにこの方式を導入している。これ以外は普通栽培地域である。普通栽培地域のうち、行田市、熊谷市などの北部地域は、小麦の収穫後、7月上旬までに田植えをして10

月にコメを収穫する二毛作が行われている。

　水稲の作付面積の全国順位は18位、収穫量は19位である。収穫量の多い市町村は、①加須市、②久喜市、③鴻巣市、④行田市、⑤熊谷市、⑥羽生市、⑦川越市、⑧春日部市、⑨さいたま市、⑩幸手市の順である。県内におけるシェアは、加須市15.0％、久喜市6.1％、鴻巣市6.0％、行田市6.0％、熊谷市5.9％などで、渡良瀬遊水池に面するトップの加須市以外のベスト5都市のシェアは似通っている。

　埼玉県における水稲の作付比率は、うるち米99.4％、もち米0.5％、醸造用米0.1％である。作付面積の全国シェアをみると、うるち米は2.2％で全国順位が長野県、滋賀県、兵庫県、熊本県と並んで14位、もち米は0.3％で長崎県と並んで39位、醸造用米は0.1％で群馬県、千葉県、奈良県、宮崎県と並んで36位である。

　陸稲の作付面積の全国順位は6位である。収穫量は新潟県と並んでやはり6位である。

知っておきたいコメの品種

うるち米

（必須銘柄）あかね空、あきたこまち、朝の光、キヌヒカリ、コシヒカリ、彩のかがやき、彩のみのり、日本晴、ミルキークイーン

（選択銘柄）あきだわら、あさひの夢、五百川、彩のきずな、彩のほほえみ、新生夢ごこち、とねのめぐみ、みつひかり、ゆうだい21

　うるち米の作付面積を品種別にみると、「コシヒカリ」39.7％、「彩のかがやき」29.8％、「キヌヒカリ」10.2％などで、これら3品種が全体の79.7％を占めている。

- コシヒカリ　2015（平成27）年産の1等米比率は35.0％だった。県東地区の「コシヒカリ」の食味ランキングはAである。主産地は加須市、久喜市、羽生市などである。

- 彩のかがやき　埼玉県が「祭り晴」と「彩の夢」を交配して2002（平成14）年に育成した。いもち病、縞葉枯病など病害虫複合抵抗性をもち、農薬の使用を低減したい栽培に適している。2015（平成27）年産の1等米比率は89.9％だった。県東地区の「彩のかがやき」の食味ランキング

はＡである。主産地は加須市、久喜市、羽生市などである。

- **キヌヒカリ**　主産地は熊谷市、羽生市などである。
- **彩のきずな**　埼玉県が「ゆめまつり」と「埼455」を交配して2011（平成23）年に育成した。埼玉県の愛称は「彩の国」である。「手塩にかけて栽培した埼玉県の生産者と新たな絆を結んでください」との思いを込めて命名した。県内産の他の品種に比べ、アマロース含有率が低いため、ご飯が粘り強く、なめらかな食感になるという特徴がある。県北地区の「彩のきずな」の食味ランキングはＡである。

もち米

（必須銘柄）峰の雪もち

（選択銘柄）なし

　もち米の作付品種は全量が「峰の雪もち」である。

- **峰の雪もち**　農水省（現在は農研機構）が「奥羽302号」と「ヒメノモチ」を交配して1992（平成4）年に育成した。

醸造用米

（必須銘柄）さけ武蔵

（選択銘柄）五百万石

　醸造用米の作付品種は全量が「さけ武蔵」である。

- **さけ武蔵**　埼玉県が開発した初めてのオリジナルの酒米である。「改良八反流」と「若水」を交配して2004（平成16）年に育成した。「五百万石」の孫にあたる。

知っておきたい雑穀

❶小麦

　小麦の作付面積の全国順位は8位、収穫量は6位である。栽培品種は「あやひかり」「さとのそら」などである。作付面積が広い市町村は、①熊谷市（シェア32.1％）、②深谷市（9.6％）、③行田市（8.2％）、④鴻巣市（6.5％）、⑤美里町（5.9％）の順である。

❷二条大麦

　二条大麦の作付面積の全国順位は11位、収穫量は8位である。栽培品種

は「みょうぎ二条」「はるな二条」「彩の星」などである。市町村別の作付面積の順位は①行田市（シェア45.7％）、②熊谷市（22.6％）、③加須市（13.0％）で、この県北3市が県全体の8割以上を占めている。

❸六条大麦

六条大麦の作付面積の全国順位は14位、収穫量は12位である。栽培品種は「すずかぜ」などである。市町村別の作付面積の順位は①熊谷市（シェア45.5％）、②深谷市（18.2％）、③行田市（14.8％）で、この県北3市が県全体の8割近くを占めている。

❹はだか麦

はだか麦の作付面積の全国順位は12位、収穫量は9位である。栽培品種は「イチバンボシ」「ユメサキボシ」などである。熊谷市の作付面積は県全体の92.3％と大宗を占めている。

❺アワ

アワの作付面積の全国順位は12位である。収穫量は四捨五入すると1トンに満たず統計上はゼロで、全国順位は不明である。栽培品種は「モチアワ」（県内作付面積の66.7％）と「埼玉アワ」（33.3％）である。産地は小川町と横瀬町で、作付面積の割合は50％ずつである。

❻キビ

キビの作付面積の全国順位は18位である。収穫量は四捨五入すると1トンに満たず統計上はゼロで、全国順位は不明である。栽培品種は「モチキビ」（県内作付面積の62.5％）と「タカキビ」（37.5％）である。産地は小川町（県内作付面積の62.5％）と横瀬町（37.5％）である。

❼トウモロコシ（スイートコーン）

トウモロコシの作付面積の全国順位は9位、収穫量は7位である。主産地は深谷市、上里町、熊谷市、本庄市などである。

❽アマランサス

アマランサスの作付面積の全国順位は4位である。収穫量は四捨五入すると1トンに満たず統計上はゼロで、全国順位は不明である。統計によると、埼玉県でアマランサスを栽培しているのは小川町だけである。

❾エン麦

エン麦の作付面積の全国順位は4位である。収穫量は四捨五入すると1トンに満たず統計上はゼロで、全国順位は不明である。統計によると、埼

玉県でエン麦を栽培しているのはさいたま市だけである。

❿そば

　そばの作付面積の全国順位は21位、収穫量は16位である。産地は秩父市、加須市、北本市、久喜市などである。栽培品種は「常陸秋そば」「秩父在来」「キタワセ」などである。

⓫大豆

　大豆の作付面積、収穫量の全国順位はともに29位である。主産地は熊谷市、加須市、久喜市、行田市、秩父市などである。栽培品種は「タチナガハ」「青山在来」「行田在来」「さとういらず」「黒大豆」などである。

⓬小豆

　小豆の作付面積の全国順位は13位、収穫量は19位である。主産地は秩父市、深谷市、さいたま市などである。

コメ・雑穀関連施設

- **見沼代用水**（行田市他）　江戸時代中期の1727（享保12）年に井澤弥惣兵衛為永が紀州流の土木技術を駆使して当時の見沼を干拓し、見沼に代わる水源を利根川に求め、見沼代用水を半年余で完成させた。これによって見沼たんぼが開発され、沿岸の新田開発も進み、かんがい面積は1万5,000 ha に達した。現在、用水は行田市の利根大堰から取水しており、幹線水路の延長は本支線を含め85 km である。

　「山田の中の1本足のかかし」で知られる唱歌「案山子」は、浦和市（現さいたま市）出身の武笠三が作詞した。かつて1,200 ha の沼だった見沼は江戸中期に干拓され、田園となった。稲穂が実る豊かな田園風景が武笠の感性を育んだ。

- **間瀬堰堤**（本庄市）　利根川水系間瀬川の上流域をせき止め、1937（昭和12）年に完工した東日本に現存する最古の農業用重力式コンクリートダムである。堤長は126 m、堤高は27.5 m、総貯水量は53万 m³ である。農業用水は児玉用水路を通じて、本庄市と美里町のかんがい用に使われている。貯水池は間瀬湖とよばれ、景勝地として知られる。

- **葛西用水**（羽生市、加須市、久喜市、幸手市、杉戸町、春日部市、越谷市）　江戸時代中期の1719（享保4）年に完成した。その後、何度も改修が行われ、現在は、利根川からの取水口が合口され、埼玉用水路から

分岐している。中流地域は全域がパイプライン化されている。かんがい面積は、埼玉県東部の7,900 ha である。

- **備前渠用水**（本庄市、深谷市、熊谷市）　1604（慶長9）年に、幕府の命を受けた関東郡代・伊奈備前守忠次が開削した埼玉県最古の用水路である。用水は北武蔵農業の生命線となった。総延長は23 km、受益面積は利根川右岸一帯の1,400 ha である。先人の工事に手を加えていない素掘りの区間もあり、一部に当時の面影を残している。

コメ・雑穀の特色ある料理

- **黄金めし**（秩父市）　飛鳥時代の708（和銅元）年に武蔵国秩父郡（現在の秩父市）で、日本で初めて銅が掘り出され、奈良の都にこれを運んだ男たちがアワ、ヒエ、キビなどを食べていたところ、天皇が通りかかり「その食べ物は何じゃ」と聞かれた。これを差し上げると、「おいしい黄金のめしじゃのう」と言われたため、秩父地方で黄金めしがつくられるようになったという言い伝えがある。

- **かてめし**　コメが貴重だった頃、かさを増すために煮た野菜を混ぜたのが始まり。節句や七夕などの際、県内一帯でよく食べられた。混ぜる野菜は地域ごとに違い、特徴がある。

- **くわいご飯**　埼玉県東部の草加市、越谷市周辺は湿気の多い土地が多く、古くからクワイの生産が盛んだった。この埼玉特産のクワイ、鶏もも肉などを材料にしたのがくわいご飯である。クワイは、平安時代に中国から日本に伝わり、大きな芽が出るため縁起が良いとされ、正月のおせち料理にもその煮物が入る。

- **いがまんじゅう**（羽生市など）　クリのいがのように、周りを赤飯でおおったあん入りのまんじゅうである。羽生市など北埼玉地域に伝わる祝い事や祭りなどハレの日のごちそうである。客への土産にも使われる。

コメと伝統文化の例

- **秩父夜祭**（秩父市）　江戸時代の寛文年間（1661〜72）から続き、京都祇園祭、飛騨高山祭とともに三大曳山祭の一つとされる。山車が出る前に馬を神にささげる儀式があり、その毛並みによって翌年の天候や作物の出来を占う。開催日は毎年12月2日〜3日。

- **金谷のもちつき踊り**（東松山市）　昔、岩殿山に住む悪竜を退治した坂上田村麻呂に感謝して、踊りながらもちをついたのが始まりとされ、約300年の伝統がある。五穀豊穣を祈念して、東松山市上野本金谷の氷川神社で行われる。踊りの始めに「練り唄」、終わりに「仕上げつきの唄」が歌われる。開催日は11月23日だが、開催されない年もある。

- **裸祭り**（神川町）　有氏神社の盤台行事である。白はちまき、下帯姿の氏子たちが赤飯の入った盤台を神輿のようにもみあげ、「上げろ下げろ」の掛け声とともに盤台の赤飯を参詣者に向かってまき散らす。赤飯が妊婦の体に当たると、お産が軽くなるという言い伝えがある。開催日は毎年11月19日。

- **オビシャ**（川口市）　川口市赤井の氷川神社で行われる江戸時代からの伝承行事である。鬼うちと一升飯からなる。ビシャは歩射の意味である。鬼うちは、たたみ1畳ほどの紙に、墨で鬼の絵を描き、鬼の目をねらって矢を入り鬼を退治する。一升飯は、神社の御祭神であるスサノオノ命がここで鬼退治をした際、腹がすいて一度に1升の飯を食べた伝承に基づく。開催日は毎年3月8日。

- **椋神社御田植祭**（秩父市）　春の農作業に先駆けて、神社境内を神田に見立て、烏帽子に白装束をまとった氏子代表の12人の神部が、田植え唄や祝い唄を披露しながら稲作の動作を演じ、一年の豊穣を願う。833（天長10）年には演じられていた記録もある古い神事芸能である。開催日は毎年3月第1日曜日。

こなもの

いがまんじゅう

地域の特色

　関東地方の中部に位置し、海に面している地域のない内陸県で、かつては武蔵国北半部を占めた地域である。東部は関東平野が開け、西部は関東山地に属する。中央を流れる荒川は、東京湾に注ぐ。古くは、武蔵国北東部を「さきたま」と称していたことから「埼玉」の字が当てられたといわれている。平野部は関東ローム層に覆われた丘陵・台地と、利根川・荒川などの流域に広がる低地からなる。気候は、比較的温暖で、降水量は少ない。冬は乾燥し、冷たい北西の強い季節風が吹く。江戸時代には、現在の県域は幕領、譜代の中小大名、旗本の領地となり、新田を開発して稲作を進めた。中央部の火山灰台地は、宝暦元（1751）年に吉田弥右衛門が上総（現在の千葉県中央部）からサツマイモの種芋を購入し、栽培を開始した。これが「川越イモ」の始まりとなる。

食の歴史と文化

　埼玉県の名産品には、草加せんべい、五家宝、狭山茶、うなぎがある。草加せんべいのルーツは、乾いた塩団子を延ばして焼いたもので埼玉県の代表的「こなもの」に当たり、江戸時代に創作されている。

　明治時代以来、野菜の栽培に注目し、「岩槻ネギ」「汐止晩ネギ」「越谷ネギ」などのブランドものも作り出している。同じく、カブの栽培にも力を入れ、八潮産のカブは「天カブ」といわれるほど、人気が高い。サトイモや八つ頭などの栽培にも適した地質で、品質のよいこれらのイモ類が作り出されている。

　その他、埼玉県には伝統野菜が多く、越谷市特産のクワイは、江戸時代から水稲の裏作として栽培してきている。川口市には、刺身のツマに使う「ハマボウフ」という珍しい野菜がある。奥秩父の山間部の特産には「中津川いも」（ジャガイモ）があり、この田楽が郷土料理として存在している。

米の栽培の難しい奥秩父では米の代わりにこの中津川いもを食べたといわれている。

　昔から小麦の栽培は盛んに行われていたので、小麦を利用した料理は多い。「冷汁うどん」は氷の入った冷たいうどんで、夏の食べ物となっている。「おっきりこみ」は、うどん状の麺と野菜をたくさん入れた汁物で、これは冬の食べ物となっている。うどんは行事や来客があったときなど特別な日に作って食べたようである。野田は、昔からサツマイモやレンコンの産地で、冠婚葬祭のときのもてなしの料理として「蓮（ハス）よごし」（クチナシを入れた湯でサツマイモを茹でてからつぶし、砂糖・みりん・水で延ばしてレンコン（ハス）と和えたものである。とくにおめでたいときに作る。サツマイモ団子も作られる。埼玉県内の羽生市、鴻巣市、加須市では祭りのときに赤飯の中に饅頭を入れた「いがまんじゅう」を作り祝う習慣がある。川越周辺の土壌は、すぐ乾く赤土混じりの土で、サツマイモの栽培に適しているから、生産量も多く、サツマイモを利用した菓子類もいろいろ工夫されている。例えば、サツマイモを厚切りにして砂糖で煮た「芋納豆」をはじめ、芋せんべい、芋ようかん、干しいもなどがある。

　埼玉県では、地域により日にちは違うが、「天王様」という夏祭りを行い、この日には小麦粉を使っただんごを作って祝う。八雲神社、八坂神社の祭りであり、「人の悪い病気から守ってくれる牛頭天王という神様が祀られている。以前は、7月15日と決まっていたが、現在は7月の中頃を中心に行われる。

知っておきたい郷土料理

だんご・まんじゅう・せんべい類

①だんご（岡部町）

　埼玉県大里郡岡部町普済寺（現深谷市普済寺）の郷土料理。米の収穫時期にはくず米は別にしておき、間食用や来客用のだんごを作る。

　うるち米のくず米を粉にし、湯を加えて耳たぶのような硬さに捏ねる。これを、熱が通りやすい大きさに丸めて蒸す。蒸し終わったら、熱いうちにこね鉢にとり、すりこぎ棒で丁寧に搗き、食べやすい大きさに丸める。

　作りたての軟らかいうちに、砂糖を混ぜた甘い黄な粉、砂糖を混ぜた擦

りゴマ、水と醤油で砂糖を煮溶かしてから水溶きかたくり粉でとろみをつけたタレ、小豆餡などをつけて食べる。硬くなったら焼いて食べることもある。

②さつまだんご（入間市）

　埼玉県入間市上藤沢の郷土料理。生切り干しさつまいも粉を使っただんごで、茶摘みの時や人寄せの時などに作って食べる。この地域は、サツマイモの栽培が盛んなのでサツマイモは蒸かしたり焼いたりして食べるが、保存用にサツマイモを乾燥するので、これを粉にして作る菓子の一種である。サツマイモの生切り干しを粉に挽いた「さつま粉」に、ぬるま湯を加えて、耳ぶたほどの硬さに捏ねる。これを少しずつちぎり、手の中で握りながら、生のサツマイモを芯にしてだんごにして、蒸かす。食べ方は、そのままか、黄な粉をまぶして食べる。さつま粉は薄茶色であるが、蒸かすと黒色が増す。

③さつまだんご（上尾市）

　埼玉県上尾市仲町の冬から春に作る郷土料理。生切り干しサツマイモの粉を使って作る、お茶菓子の一種。サツマイモのくずいもを薄く切って干したものを石臼で粉に挽いたものが「さつまの粉」という。この甘味の強い「さつまの粉」に水を加えて捏ね、手のひらで握り、一握りずつのだんごに作り、蒸す。蒸し上がったものの色はこげ茶色であり、ややねっとりし、餅のような粘りはない。口当たりはさらっとしている。

④田植えだんご

　埼玉県加須市中樋遣川地域の6月の田植えの頃に米粉で作る郷土料理。6月の田植えは、一家総出で行い、さらに手伝いの人もくる。午後3時頃の間食（これを「こうじはん」という）に、「田植えだんご」を作って食べる。米粉に熱湯を加えて練る。これを丸めて、中心を親指と中指で押して平らなだんごにする。これを蒸すか、茹でる。甘辛い醤油をからめて食べる。

⑤小麦まんじゅう

　小麦粉に重曹を加えたまんじゅう生地で、小豆餡を包み、蒸したまんじゅう。上尾地区では、小麦を収穫してすぐの7月1日の「浅間様」、7月14日の「天干様」には作る。

⑥いがまんじゅう

　小麦まんじゅうを作っておき、蒸かしておいた赤飯の上にそのまんじゅうを並べて、再び蒸かす。赤飯が、小麦まんじゅう全体に付着するようにする。

　7月中頃（天王様）、7月31日（輪くぐりの日）に作り、親戚への土産とする。「輪くぐりの日」は、埼玉県内でも地域により異なるようである。大宮では6月末から7月初めにかけて行う。川越八幡宮では「芽の輪くぐり」として6末日〜7月初めにかけて行う。

⑦草加せんべい

　草加せんべいは、明和3（1766）年に作りはじめられ、今なお続いている。もともとは草加で収穫される米から調製した米粉と鉄分を含む草加の水、野田の醤油、乾燥に最適な関東平野の冬の空っ風などから、良質の草加煎餅が作り上げられたのといわれた。米粉を湯で練って打ち抜きする生地屋と、煎餅に焼き上げる焼き屋は分業になっている。色艶のよい大きめの丸い形をしていて、パリパリした歯ざわりと米と醤油の香味が調和しているのが特徴の煎餅である。煎餅専門店の店先では、備長炭の火力で緩慢に、なかまでこんがりと均一に狐色に焼いているところが見られる。

　醤油や味噌のタレを塗って味付けしたもの、砂糖をつけたものもある。せんべいの由来は、宿場町の団子屋が団子を平たくつぶして天日で乾かし、焼餅として売っていたことに関係しているといわれている。

⑧いもせんべい

　埼玉県川越はサツマイモの栽培の盛んなところとして有名である。この川越にしかないのが「いもせんべい」である。明治時代後期になって、東京方面から川越にくる鉄道が開通する頃に、川越名物の「いもせんべい」ができた。

⑨初雁焼き

　サツマイモの美味しさと形のおもしろさを味わえる芋せんべい。素朴にして上品な菓子。菓子の名は、長禄元（1457）年に太田道灌・道灌親子によって築かれた川越城の別名初雁城に由来する。川越は、サツマイモの産地であるために芋せんべいが開発した。製造・販売元の亀屋の創業は、天明3（1783）年で、創業当初から高級品だった砂糖をふんだんに使い、手間ひまをかけて菓子をつくる「上物主義」かかげて、評判をとっている。

⑩十万石まんじゅう

　行田市の名物饅頭。文政6（1823）年に、この地に封ぜられた忍城主十万石の松平氏に因んで、名付けられた饅頭。小麦粉に、砂糖、ヤマイモを混ぜて捏ねた生地に、小豆餡を包み忍米の形の楕円形に成型し、蒸しあげたもの。十万石の焼き印がある。

お焼き・焼きおやつ・お好み焼き・たこ焼き類

①焼きびん

　昼の残りのご飯を利用して、子どものおやつとして作る。

　残りのご飯に小麦粉を混ぜて捏ね、味噌を入れて混ぜ、小判型に形を作り、素焼きの平たい鍋でじっくり焼いて、砂糖醤油をつけて食べる。

②どんどん焼き

　子どものおやつに作る。小麦粉に水を加えて練り、キャベツのせん切り、細かく刻んだねぎ入れ、塩味をつけて、かき混ぜる。フライパンや専門の鍋に平たく入れて焼く。醤油やソースをつけて食べる。

めんの郷土料理

①煮ぼうと

　埼玉県の手打ちの煮込みほうとう。小麦粉に水を加えて捏ねて、麺棒で延ばして、麺帯を作り、普通の3倍くらい太い麺線を作る。煮込んで食べる麺なので、「煮ぼうと」という。ダイコン、ネギ、ジャガイモを煮て、醤油、味噌で調味し、この汁の中に生のほうとうを入れ、柔らかくなるまで煮込む。冬の寒い日の夕食に、野菜とともに煮込んだほうとうは、体を温める効果がある。

②手打ちうどん

　来客に、手打ちうどんを提供してもてなす地域がある。手打ちうどんは、茹で上げてや水で冷やし、ナスの茹でたものやダイコンのせん切り、インゲンのゆでたものなどを惣菜にして食べる。薬味やゴマなどを入れたつゆをつけて食べる。

③お切り込み

　小麦粉の麺帯は、少し太めの麺線にして、醤油味の汁の入った鍋で煮込んで食べる。

④打ちいれ

　小麦粉を練り、大鍋に用意した熱湯の中で、野菜類と煮込んで、味噌と醤油の半々のつゆに入れて食べる。

⑤おめん

　埼玉県の手打ちうどん料理。めんこ、おめんぶちともいう。小麦粉に、食塩と水を入れて捏ねた生地を、熟成させてグルテンの形成を進行させてから作る手打ちうどんである。茹でたナス、インゲンを添え、おろしショウガ、刻みネギ、すりゴマを薬味とし、夏はつけめんとして、冬は煮込みうどんで賞味する。

⑥ずりあげ

　「ひきずりだし」ともいう。埼玉県の郷土料理の一つで、ひきずりだしながら、手元の汁をつけて食べるので、この呼び名がある。冬の間、炉端に大鍋をかけ、沸騰した鍋の湯に幅広の干しうどんを入れて煮込み、囲炉裏で囲んで家族団らんでうどんを茹でながら、生醤油をつけて食べる。薬味は七味トウガラシ、刻みネギなど。

⑦ねじ

　秩父地方の幅広の手打ちうどんの郷土料理。幅広の手打ちうどんを茹でて、塩餡をまぶして食べる。手打ちうどんは、小麦粉に食塩を加えて捏ねて生地を作り、しばらく熟成させグルテン形成を作り上げてから麺帯、麺線を作るのが特徴。おめんともいう。

くだもの

地勢と気候

埼玉県は関東平野の内部に位置し、1都6県に接する内陸県である。地形は、山地や丘陵地の割合が小さく、台地と低地から成る平地の比率は県土の61％と高い。利根川、荒川、江戸川など大河川が流れており、埼玉県全体に占める河川、水路、水面など水辺の比率は5.0％で全国4位である。

気候は太平洋側気候である。夏は昼間かなり高温になり、蒸し暑く雷が発生し、ひょうの降ることもある。北部の熊谷市でその当時の国内最高気温を記録したこともある。冬は乾燥した北西の季節風が吹き、晴れの日が多く、空気が乾燥する。年間を通して風水害は比較的少ない。

知っておきたい果物

クリ クリの栽培面積の全国順位は6位である。2番手の日本ナシの栽培面積を大きく上回り、果樹の栽培面積で最も広い。クリの収穫量の全国順位は5位である。

東部の水田地帯を除いて、平坦部から山間地まで広く栽培されているが、主産地は日高市、所沢市、東松山市、熊谷市など西部地域と北部地域である。出荷時期は8月下旬〜10月中旬頃である。

ブルーベリー ブルーベリーの栽培面積は増加傾向にあり全国順位は5位、収穫量は6位である。

主産地は、狭山市、美里町、熊谷市、秩父市、さいたま市などである。集団的な産地だけでなく、散在した観光果樹園も多い。収穫時期は6月中旬〜8月下旬頃である。

日本ナシ 埼玉県の主力果樹である。埼玉県産日本ナシの栽培面積は果樹全体の23.1％を占め、全国順位は10位である。収穫量の全国順位は11位である。収穫量は県内で生産しているすべての果樹で最も多い。主産地は、白岡市、久喜市、蓮田市、加須市を中心とする東部

地域と、神川町、上里町の北部地域の2地域に分かれる。出荷時期は7月下旬〜10月下旬頃である。品種別にみると、「幸水」が全体の60％を占めている。2位が「豊水」で22％である。3位は「彩玉」（8％）、4位は「新高」（7％）である。

　「彩玉」は、埼玉県農林総合研究センター園芸研究所が1984（昭和59）年に「新高」と「豊水」を交配し、選抜を重ねて育成した。埼玉県のオリジナル品種として、2005（平成17）年に品種登録した。「黄金の雫」の愛称が付いている。平均果重は550gと大玉で、大きいものは800gを超えるものもある。糖度は13〜14度である。収穫期は、「幸水」が終了する8月下旬〜9月上旬頃である。彩玉の生産は埼玉県内に限定され、上尾市、伊奈町などで多く栽培されている。「彩玉」の登場で、「幸水」と「豊水」の間の端境期を埋めることになった。県内有数の生産量を誇る白岡市産出のナシには「白岡美人」という愛称が付いている。

ブドウ　埼玉県の観光農業の主力品目である。栽培面積の全国順位は23位、収穫量は24位である。品種別にみると、「巨峰」が67％で、「ヒムロッド」（18％）がこれに続いている。

　主産地は伊奈町、秩父市、川越市、横瀬町などである。伊奈町では、「巨峰」を中心に9月〜10月に収穫する。横瀬町の「横瀬の葡萄」、長瀞町の「長瀞のぶどう」の収穫時期は、8月〜10月頃である。「ちちぶ山ルビー」は、旧ソ連原産の「リザマート」と米国原産の「ビアレス」を交配してできた秩父オリジナルの新品種である。秩父地域の地域特産ブランドとして商標登録している。収穫時期は8月上旬〜10月下旬頃である。

イチゴ　イチゴの作付面積、収穫量の全国順位はともに11位である。主産地は久喜市、加須市、川島町、吉見町、秩父市などである。

　加須市では「とちおとめ」「女峰」などを12月上旬〜3月下旬頃に出荷している。秩父市の「秩父いちご」の出荷時期は1月上旬〜6月下頃旬である。横瀬町の「横瀬のいちご」の出荷時期は1月〜5月頃である。

カキ　カキの栽培面積、収穫量の全国順位はともに33位である。主産地は上尾市、小鹿野町、秩父市、蓮田市、さいたま市などである。

　近年は小鹿野町を中心とする秩父地域で、特産の「あんぽ柿」用の「蜂屋」の栽培面積が増加している。長瀞町では、秩父盆地では珍しく甘ガキを生産している。「あんぽ柿」の出荷時期は12月上旬〜2月頃である。

ウメ　ウメの栽培面積の全国順位は13位、収穫量は28位である。10a当たりの収量は135kgで、北海道の143kgを下回り、全国で最も低い。品種は「白加賀」が84％を占めている。

　県内全域で栽培されているが、主産地は越生町、寄居町、上尾市、美里町などである。出荷時期は6月上旬～下旬頃である。最近は梅干しなど加工品の流通が増加している。越生町の越生梅林には約1,000本のウメの木がある。南北朝時代の1350（観応元）年頃、九州の大宰府に流された菅原道真を小杉天満宮に分祀した際、記念に植えたのが越生梅林の起源である。天満宮は1907（明治40）年に梅園神社と改称された。

イチジク　イチジクの栽培面積の全国順位は19位、収穫量は13位である。品種は「桝井ドーフィン」がほとんどである。主産地は加須市、川島町、深谷市、行田市、上里町などで、栽培面積は増加傾向にある。出荷時期は9月上旬～10月下旬頃である。

ユズ　ユズの栽培面積の全国順位は11位、収穫量は20位である。主産地は毛呂山町と越生町である。出荷時期は11月下旬～12月中旬頃である。毛呂山町桂木地区産出のユズは「桂木ユズ」として知られる。江戸時代から続く同町の名産である。種から育てた実生が多く、接木を繰り返していないため、表皮が厚い。

リンゴ　リンゴの栽培面積の全国順位は21位、収穫量は23位である。蕨市で生産される「わらびりんご」は夏に収穫できるリンゴである。リンゴの収穫は秋から冬という常識とは違い、6月下旬～7月上旬頃に収穫できる極早生種である。小ぶりで酸味が強いため、加工品などに向いている。

ミカン　ミカンの栽培面積、収穫量の全国順位はともに28位である。ときがわ町大附地区で生産される「福来みかん」は、古くから伝わる小粒のミカンである。地元では「福みかん」ともよぶ。温州ミカンではなく、日本原産のミカン科の「タチバナ」の一種である。収穫時期は10月～12月頃である。

スモモ　スモモの栽培面積の全国順位は12位、収穫量は19位である。主産地は北本市、美里町、蓮田市、桶川市などである。

プルーン　プルーンの栽培面積の全国順位は5位、収穫量は12位である。主産地は美里町などである。

カボス 　カボスの栽培面積、収穫量の全国順位はともに5位である。主産地は秩父市、小鹿野町などで、「秩父かぼす」として出荷される。出荷時期は9月中旬～12月頃である。

ブラックベリー 　ブラックベリーの栽培面積、収穫量の全国順位はともに5位である。主産地は三芳町などである。

地元が提案する食べ方の例

なしのしゃきしゃきジュレ風（JAグループさいたま）

　ナシは1/4個分は角切りし、残りはすりおろして水を混ぜ寒天を煮溶かす。スダチの絞り汁を加えて型で冷やし固める。スダチのすりおろしを散らす。

洋梨のケーキ（さいたま市）

　オーブンの鉄板にクッキングシートを敷いて、ホットケーキミックス粉、砂糖、卵、豆乳、溶かしバターなどを混ぜて流し込み、上から洋ナシとチョコチップを散らす。約45分焼く。

魚の和梨ソースかけ（さいたま市）

　ソースは醤油、白ワイン、チキンガラスープ、タマネギを煮込み、リンゴ酢、缶詰の和梨のみじん切りを入れる。魚は片栗粉をまぶして揚げる。魚を皿に並べ、ソースをかける。

パインサラダ（さいたま市）

　短冊切りのキャベツと輪切りのキュウリをボイルし、冷却する。パイン缶は汁をよく切る。植物油、リンゴ酢などを混ぜたドレッシングは加熱し、冷ましてから野菜、パインと和える。

ブルーベリーマフィン（さいたま市）

　小麦粉、ベーキングパウダー、バター、砂糖、卵を混ぜ、小麦粉1/3、牛乳半分、小麦粉、牛乳、小麦粉の順に混ぜ、冷凍ブルーベリーを入れる。型に流して焼く。

消費者向け取り組み

- あしがくぼ果樹公園村　横瀬町、芦ヶ久保の日向山南斜面に点在する13軒の農家で構成している。
- いちごの里物産館　吉見町

魚　食

地域の特性

　埼玉県は、関東地方の中部に位置し、西部は県域の3分の1を占める秩父山地であり、残りは関東平野へ続く。県域の多くは、江戸時代に幕領、譜代の中小大名、旗本の領地となり、田畑を開発し、米やサツマイモの生産を増大させた。海のない県でもあるが、現在の埼玉県は、首都圏の通勤圏内に属し都市化しているので、海産物の入手には不自由しない。

　埼玉県の西の秩父山地は周辺に1000mを超える山々が連なり、その中央を流れる荒川沿いに秩父盆地が開けている。秩父山地の東側と中央部には南北に丘陵が連なり、県の東部は水田地帯である。埼玉を流れる河川は、北の県境に利根川が西から東へ、秩父山地から流れる荒川は県の中央部を横断し、東京に注いでいる。この二大河川を中心にした支流が埼玉の耕地を潤している。徳川家康による江戸開府以降、埼玉は天領や親藩の領地として幕府の支配下に置かれ、以来300年余の間に埼玉は江戸に従属した地域として形成された。日光街道（奥州街道）や川越街道、中山道は江戸と京都や大阪（大坂）とを結ぶ街道としての重要な役割ももっていて、街道には多くの宿場がおかれ、宿場文化が形成された。

魚食の歴史と文化

　昔の埼玉県域は、鎌倉・室町時代から現在の神奈川県の相模国を先進地として鎌倉との交流を盛んにし、武士たちは新しい文化を得たのである。江戸幕府の成立後は、江戸文化は日光街道と中山道の2つの方向から埼玉県域に入った。独特の食文化には乏しいといえる。江戸や神奈川の食文化が影響していた面もあったと思われる。刺身のツマに使うハマボウフウの栽培や吸い物や焼き物に木の芽を添えるなどは、江戸の料理の影響とも思われる。小麦粉を使ったうどんやうどんに似た郷土料理が多いのは、近隣の県域の影響とも思える。

歴史的に埼玉の日常食は押し麦に白米混ぜた麦ご飯が一般的であった。ときどき煮込みうどんやつめっこ（すいとんのようなもの）などの小麦粉を利用した食品もつくられた。川越のサツマイモは全国的に知られているが、サツマイモは間食の主役として発達してきたものである。輸送機関や低温輸送（コールドチェーン）が発達するまでは、日常食に魚介類や肉を利用することは少なかった。とくに海からの生鮮食品は少なかった（現在のように、山間の旅館でも魚の刺身が供されることは考えられない状況である）。当時の日常食では、河川や田堀（沼）でとれるコイ、フナ、ドジョウの煮つけ、ナマズの天ぷら、タニシの味噌煮が食膳にのぼった。こいのあらい、ふなのあらいはハレの日のご馳走であった。海の魚としてはお歳暮に届いた塩ザケの焼き物、身欠きにしんを水でもどしてからの煮つけなど、塩蔵品や乾燥品を利用していた。

知っておきたい伝統食品と郷土料理

地域の魚　　淡水魚は利根川・荒川の上流の埼玉県域に生息している。利根川・荒川の上流のウナギ・コイ・ナマズの利用が多い。

伝統食品・郷土料理

①ウナギ料理
　利根川で漁獲したウナギを、蒲焼きなどに利用している。浦和のウナギが有名になったのは大正12（1923）年の関東大震災からであるといわれている。ウナギの頭はサジ形をしているので、サウジウナギとよぶ。三郷（さと）・越谷（こしがや）産のウナギは「地サジ」といい、旬は冬である。もともとは「泥生け」といい、清水に飼育して泥臭さを除いている。注文があると、活ウナギを取り出し、捌いて、蒲焼きにしてくれた。

②コイ料理
　利根川のコイは、泥臭くなく、身が締まっていることで人気である。コイの洗い、コイの白和えにして、酢味噌で食べる。

③ナマズ料理
　郷土料理として天ぷら、蒲焼きがある。さんしょう醤油で食べることが多い。

肉　食

焼きとん

▼さいたま市(旧浦和市)の1世帯当たりの食肉購入量の変化(g)

年度	生鮮肉	牛肉	豚肉	鶏肉	その他の肉
2001	35,076	5,878	16,525	10,594	767
2006	41,299	7,129	18,136	12,950	962
2011	47,083	7,272	21,319	14,180	1,197

　埼玉県は、西部の秩父山地が県域の3分の1を占め、残りの3分の2は平野部は丘陵、台地、利根川や荒川の流域となっている。

　内陸県である埼玉県域は、江戸中期から穀類、芋類および野菜類の栽培が広く行われていた。ブタやウシの飼育も江戸時代から行われていたが、これに携わっている農家は多くなかった。

　現在は、埼玉県としてウシやブタの飼育の支援をしているようである。埼玉県周辺の群馬県、茨城県、栃木県との交流が便利であるので、県内での畜産業が普及しなかったのかもしれない。

　埼玉県の多くの人々の中には、埼玉県の地産のものは肉も野菜も美味しいと評価している。

　各年度のさいたま市の1世帯当たりの食肉の購入量は、関東地区の他の県に比べても大差はみられない。これを生鮮肉の購入量に対する各種食肉の購入量の割合について計算すると、牛肉の割合は関東地区の他の県より多い。埼玉県は、東京都に隣接しているので牛肉の購入量が増えているのは、東京都の影響をうけているのかと推察できる。

知っておきたい牛肉と郷土料理

銘柄牛の種類　　深谷牛、武州和牛、五穀牛、彩の夢味牛など。
　　　　　　　　　　（公財）日本食肉消費総合センターの資料には、埼玉県の銘柄牛の種類として深谷牛、武州和牛が紹介されている。

❶武州和牛

　深谷市、本庄市、上里町の地域で飼育している。岩手県の肥育素牛（黒

毛和種）を主体に導入し、指定した飼料をブレンドした飼料で飼育している。都心に近いが、自然環境に恵まれたところで、比較的長期間飼育する。上質な脂肪と赤身肉のバランスがよく、霜降りの状態がよく、きめ細かい肉質である。風味もよく甘味もよい。厚切りにしたタンも評価が高い。主として焼肉の材料として提供されることが多い。

❷深谷牛

深谷市地域で飼育する。肉質のよい黒毛和種の素牛を導入し、深谷市の生産農家が各自の適正な飼養管理により肥育している。霜降りの状態がよいので、深谷のネギとのすき焼きによく合う。

❸彩の夢味牛

深谷市、神川町、所沢市、入間市の地域で飼育している交雑種（一部黒毛和種）である。後味がさっぱりした甘味のある脂肪が特徴である。彩の夢味牛の脂肪の特徴を活かしたしゃぶしゃぶや炙り焼きが人気である。

❹五穀牛

黒毛和種とホルスタイン種の交配により造成された改良種。五穀米を主体とした飼料を与え、肉質も改良されている。熟成肉として提供するのに適している。

牛肉料理　すき焼き、しゃぶしゃぶ、鉄板焼きなどの牛肉料理を提供する店が多いが、鉄板焼きに添える野菜には季節の旬のものを使う店もある。埼玉県内の主なJR駅の駅ビルの食料品店には都心の百貨店や駅ビルの店があるので、東京と埼玉県の人々の食生活や料理には大差がみられない。埼玉県内のしゃぶしゃぶやすき焼きを提供する料理店で使用されている牛肉は国産和牛が多く、埼玉県の銘柄牛を利用する店は少ない。

- **のらぼう菜の肉巻き**　埼玉県の郷土料理の一種。のらぼう菜の代わりに菜の花を使うこともある。のらぼう菜を食べやすい太さにまとめ、薄切りの牛肉でこれを包み、棒状にまとめ、一口で入るくらいの長さに切って、油を敷いたフライパンで焼いたもの。

知っておきたい豚肉と郷土料理

埼玉県の養豚業者は、よい肉質のブタを生産するよう肥育しているが、輸入の豚肉の価格の点では難しい問題を抱え、年々飼育頭数が徐々に減少

している。

銘柄豚の種類
キトンポーク、小江戸 黒豚、埼玉県産いもぶた、彩の国 黒豚、4サイポクゴールドポーク、狭山丘陵チェリーポーク、スーパーゴールデンポーク、花園黒豚、バルツバイン、武州さし豚、幻の肉古代豚、わたしの牧場 彩の国 愛彩豚など。

❶古代豚
児玉郡美里町を中心に飼育されている中ヨークシャー種を基礎豚にし「古代豚」と命名したブタ。現在は、中ヨークシャーの飼育が少なくなり、希少種となっている。古代豚は中ヨークシャー種と大ヨークシャー種との交配によって誕生した改良種である。中ヨークシャーは成長が遅いという理由からほとんど飼育されなくなった。古代豚の脂肪の融点は低く、口腔内ではほどよく溶ける。料理はしゃぶしゃぶ、とんかつ、焼肉、串焼きなど。どんな料理にも合う。

❷彩の国（黒豚）
品種はバークシャー（黒豚）なので、大ヨークシャーに比べれば締まりのある肉質で、きめ細かく歯切れもよくうま味が豊富である。脂肪は白く、さっぱりしている。とんかつ、しゃぶしゃぶ、角煮、焼肉などに適している。

- **ゴールデンポークのハム・ソーセージ** 日高市地域の自然環境のもとで、独自の飼料を与え、60年もの歳月をかけて改良し、誕生した「ゴールデンポーク」を原料としたハム・ソーセージはドイツの国際食品コンテストでも高い評価を得ている。ブタの育種から加工して生産している。

- **東松山の焼き鳥（焼きとん）** 埼玉県東松山市のご当地グルメの料理。原料は豚肉で大きめの肉塊を串に刺して焼く。味付けには、トウガラシなどを混ぜた味噌だれを塗るのが特徴。「やきとり」を注文すると「ネギを挟んだ串焼き」がだされる。カシラ（頭部の筋肉）、タン（舌）、ハツ（心臓）もネギを刺して提供される。焼き鳥の由来は「焼き鳥屋」という料理店で提供していたから。初期の焼き鳥はスズメのような小鳥の炙り焼きであったと伝えられている。

- **豚丼** 埼玉県の各地、各店でそれぞれ工夫した豚丼が提供されている。シソとチーズをのせたもの、かけこみ豚丼、上州豚丼、味噌豚丼、ぶたみそ丼、豚バラキムチビビン丼、清香園のぶた丼などがある。

- **わらじかつ丼** 西秩父の小鹿野地区の有名なかつ丼。甘辛のタレがかかった豚かつが2枚、ほかほかのめしにのっている丼物。
- **とまとルンルン揚げ餃子** 北本市のご当地餃子。豚肉を地元のトマトのエキスの染み込んだ地元のキャベツとジャガイモが具となっている。
- **なめがわもつ煮** 滑川町のご当地グルメ。豚のモツとこんにゃく、大根やニンジンや季節の野菜を入れて煮込み、味噌と醤油、しょうが、酒で味を調える。器に盛り付けた後、やきとり用の甘辛の味噌だれと長ネギを中央に載せる。
- **一般的料理** 焼肉、ソテー、串焼きなど。

知っておきたい鶏肉と郷土料理

❶彩の国地鶏タマシャモ

坂戸市、深谷市、川越市の各地域で飼育されている。シャモを改良したもので、赤身で、豊かなうま味とコクがあり、弾力もある肉質。脂肪の構成成分はリノール酸が多い。広範囲の料理に合う。1984（昭和59）年に埼玉県養鶏試験場（現・埼玉県農林総合研究センター畜産研究所）で肉用鶏として開発した品種。「大和シャモ」の雄と「ニューハンプシャー種」の雌を交配して得た雌に、「大軍鶏」を交配して「タマシャモ原種」を作成し、これに「ロードアイランドレッド種」を交配して得た雌に、さらに「タマシャモ原種」を交配して開発した品種である。

❷香鶏

南埼玉郡で飼育。中国伝来のハブコーチンと烏骨鶏の血統を継承している。肉質は、筋線維が細かくジューシーで弾力がある。

- **一般的料理** とりしゃぶ、とりすき、串焼き、から揚げ、とり刺身など。

知っておきたいその他の肉と郷土料理

- **猪肉** 野猪鍋、シシ鍋、山クジラ鍋、ぼたん鍋ともいわれている。秩父山系にはクマ、シカ、イノシシが棲息している。猟師が捕獲したこれらの野生の動物は、マタギ料理となり、郷土料理となっている。イノシシは焼肉にするか味噌仕立ての鍋料理で食べられる。イノシシ鍋は、猪肉のほかに、ダイコン、ネギ、シイタケなどの季節の野菜や豆腐などと一緒に煮込み、秋から冬の野菜を入れて煮込む。味噌仕立てにする。

- **猪肉の味噌漬け** 埼玉県の秩父の土産に、「猪肉の味噌漬け」がある。味噌漬けに加工することにより、イノシシの獣臭を緩和することができる。

埼玉県のジビエ料理

クマやシカの捕獲数は多くない。捕獲時にその地域で「マタギ料理」として供される程度である。

秩父地方で野生の獣鳥の駆除のために捕獲したイノシシ、キジ、その他の獣鳥などを、衛生的に処理し、鍋などマタギ料理に似たものを、観光客相手に提供している。

秩父地方には若いシカの肉のステーキ、ソーセージを提供する店がある。ジビエ料理の美味しい時期は、秋から冬にかけての猟期に限る。

▼旧浦和市（2000年）、さいたま市（2005年、2010年）の1世帯当たりの年間鶏肉・鶏卵購入量

種　　類	生鮮肉（g）	鶏肉（g）	やきとり（円）	鶏卵（g）
2000年（浦和市）	39,950	11,028	1,508	30,501
2005年（さいたま市）	40,060	11,407	2,296	26,676
2010年（さいたま市）	38,721	11,547	2,442	25,359

　関東地方の中央部で海に面しているところがない、いわゆる内陸県である。大消費地東京都に隣接し、東京都へ通勤する人のベッドタウンとなっている地域が多い。全国屈指のホウレン草、ブロッコリー、長ネギ（深谷ネギ、岩槻ネギ、汐止晩ネギ）などの産地があり、江戸中期から、多くの伝統野菜や小麦の栽培が始まった。

　畜産関係では、農業ほど盛んではないが、銘柄豚では「幻の肉　古代豚」、銘柄牛では「武州牛」があり、銘柄鶏では「彩の国　地鶏タマシャモ」が開発されている。埼玉県には約70の養鶏場があるが、地鶏の開放的な飼育を行っているところは少ない。開放的飼育をしていないところはいわゆるブロイラーの飼育で、出荷先は東京・埼玉を中心に関東一円である。食べ方としては、串焼き、網焼き、鍋料理などの定番豚料理が多いが、一夜干しの料理を提供している店もある。一夜干しにより熟成が進みうま味成分が増えて、定番料理に比べられない食味・食感とも高級さを感じると評価されている。埼玉県の秩父地方の良好な自然環境で放し飼いをしていて、農薬も抗生物質も使わないで、安全・安心できる健康な地鶏の飼育している。

　埼玉県庁の所在地は浦和市であったが、市町村合併によりさいたま市が誕生し、2001年から県庁所在地となっている。旧浦和市、さいたま市の1世帯当たりの生鮮肉や鶏肉、やきとりの購入量は、2000年から2010年の

10年間に徐々に増加しているのは、関東地方の他の地域や東北地方の各地域とは異なる。

　鶏卵の1世帯当たりの購入量は、2000年から2010年の10年間に徐々に減少しているのは、他の県でも同じ傾向がみられている。

　古くは、神奈川県の一部に相当する古代の武蔵国（むさし）と上野国（こうずけ）と深い関係をもっていた。古墳時代までの武蔵国の住民は、上野国の有力な豪族、上野毛氏（かみつけの）から先進文化を与えられる立場にあったが、朝廷の権力が関東地方や相模国（さがみ）と結ばれたために、権力が東方に向いてしまったことで、埼玉県が目立たなくなってしまい埼玉県が東京都の影に隠れたようにみえるようになったらしい。もともとの埼玉県民の気質はおとなしかったようだ。銘柄鶏の種類の少ないのも埼玉県民の気質によるものと推測できる。現在の埼玉県は東京都で生活する人と交流しているので、この気質も隠れてしまったようである。

知っておきたい鶏肉、卵を使った料理

- **フライ**　小麦の一大産地の埼玉県北部で作られている、お好み焼きとクレープの中間のようなおやつ。1925年頃、行田の足袋工場で働く女工さんたちの休憩時のおやつとして出されるようになってから広がり定着したといわれている。現在、行田市、熊谷市周辺には50軒近くのフライ屋がある。水で溶いた小麦粉を、直径20cm くらいになるようにフライパンに薄く広げ、その上に挽肉、ねぎを散らし、お玉半分の生地を掛け、卵を載せて箸で溶き混ぜ、裏返して木の鍋蓋で抑えながら焼く。最後にソースを塗り、半分に折ってさらに醤油かソースを塗る。フライパンで作るところから“フライ”とする説と、足袋製造用の布が工場に届く“布来”とする説、富が来る“富来”とする説がある。

- **越谷かもねぎ鍋**（こしがや）　越谷の地域ブランド認定のご当地グルメ。越谷には宮内庁が維持管理する「宮内庁埼玉鴨場」があり、それにちなみ、越谷特産の“越谷ネギ”を組み合わせて考案された。越谷産のネギを使い、“煮込みネギ”と“焼ネギ”が入り、スープは醤油がベース。地元産の鴨のほど良い食感と旨味、太くて白身がしまり煮くずれしない越谷ネギの甘味がうまい。ネギを背負ったキャラクターの「ガーヤちゃん」が応援する。市内のお店でも食べることはできる。また、取り寄せもできる。

- **豚玉毛丼**〔ぶったまげどん〕　毛呂山町〔もろやままち〕のご当地グルメ。毛呂山町産米のご飯に、豚肉と玉ねぎなどの野菜を甘辛の特製だれで煮込み、卵でとじ、町の名産の柚子をトッピングする。半熟卵と肉、玉ねぎの甘味とお米の美味しさに柚子の香りが合う。町内の20余りの飲食店で同じ価格で提供されている。毛呂山町は日本最古の柚子の産地といわれ、毎年初冬に「ゆず祭り」が行われる。

- **キューポラ定食**　川口市の食生活改善推進員協議会が考案したご当地グルメ。鋳物の街として知られる川口には、鋳物を作るために鉄を溶かす"キューポラ"が屋根の上にのぞいている。このキューポラをイメージして、火伏せの神のお稲荷様から"鉄骨いなり"と、郷土料理の"だご汁"を"雷すいとん"として組み合わせた定食。"鉄骨いなり"の具は鉄分の多いひじきやごま、鶏肉、干し海老。"雷すいとん"にはキューポラの炎をイメージして、七味唐辛子で味付けした赤い鶏つくね団子と、安行が世界に誇る植木をイメージした小松菜の緑色の野菜団子が入る。

- **大凧焼き**〔おおたこやき〕　江戸時代から春日部で行われている大凧揚げのお祭りにちなんで開発されたご当地グルメ。お好み焼きでもたこ焼きでもない食感の特製の粉を使い、鉄板に載せた四角い型に流し込んで、凧の形に焼き上げ、最後にマヨネーズで"大凧"の文字を書く。具は蛸やキャベツなどが使われる。

卵を使った菓子

- **軍配煎餅**　明治10年創業の中屋堂が作る熊谷銘菓の小麦の瓦せんべい。地元の良質は小麦と地元の新鮮な卵にこだわって焼いている。歯ごたえの良さと香ばしさが評判。大きい軍配煎餅の他に、卵の味を強調するために卵と小麦粉、砂糖を同じ量配合した、小さな軍配煎餅がある。

- **十万石相傳カステラ**　素材にこだわる行田市の十万石ふくさやが作るカステラ。小麦粉だけでなく卵にもこだわり、美味しくて健康に良い「ヨード卵・光」だけを使った贅沢なカステラ。世界的な版画家の棟方志功も「うまい、うますぎる」と認めたという逸話もある。屋号の"十万石"は、1823（文政6）年、行田に封ぜられた十万石松平氏に由来する。

地　鶏

- **彩の国地鶏タマシャモ**　体重：雄平均4,500g、雌平均3,500g。専用飼料には納豆菌を配合。飼育日齢は最低150〜240日。長期間の飼育により味と歯ごたえ、コクが出る。保水性がありジューシーな肉質。大和しゃもとニューハンプシャー、大しゃもを掛け合わせた雄に、タマシャモの原種とロードアイランドレッドを交配した雌を掛け合わせた。彩の国地鶏タマシャモ普及協議会が管理する。

たまご

- **招福たまご**　産卵を始めたばかりの若どりのたまご。初生卵ともよばれサイズはSSとS（40gから52g）。初物でおめでたいとお祝いにも使われる。良いヒナ、良い餌、良い管理、そして環境への配慮も考える1923（大正12）年創業の老舗の養鶏場、愛たまごがヒナから卵まで一貫管理して生産する。
- **伊勢の卵**　現代人の健康を守る高級卵。普通の卵に比べてDHAは4倍、EPAは5倍、ビタミンEも豊富に含む。産卵する鶏の親鶏から自社で一貫した生産管理を行う。埼玉に本社の在るイセ食品が生産する。
- **カロチンE卵**　普通の卵に比べてカロテノイドとビタミンEが2倍以上、ビタミンAも豊富に含んだ。カロテノイドは緑黄色野菜に含まれており生活習慣病や老化などの予防に役立つといわれている。埼玉に本社を置く木徳が販売する。
- **彩たまご**　植物性の専用飼料に胡麻を配合。嫌な生臭みの少ない卵。埼玉県優良生産管理農場認証、彩の国工場指定、彩の国優良ブランド品認定、埼玉農産物ブランド推進品目の卵。松本米穀精麦が生産する。

県鳥

シラコバト、白子鳩（ハト科） 留鳥。市街地、農耕地、川原など。多くは1年を通してつがいで生活する。江戸時代に鷹狩り用に放鳥されたものが定着したといわれる。雌雄同色。色は全体が灰白色で、尾が長く、また、首の後ろの部分に黒い帯が襟のように見える。英名は"Collared Dove（襟のある鳩）"。"ハト"の名前は、飛ぶのが速い（迅速）"羽迅"、"はやとり（速鳥）"や、飛ぶ時の羽音の"ハタハタ"に由来するといわれている。

汁　物

汁物と地域の食文化

　都心へ近い距離にあり、都心に通勤・通学する人が多く、東京の食文化の影響を受けている面が多い。山岳地帯の秩父には古くからの伝統料理を受け継いでいる地域があり、川越は小江戸として活性化に努めている。

　江戸時代中期から水稲の裏作としてクワイを栽培するなど、多様な伝統野菜が栽培されている。また、吸物に欠かせない「木の芽」の特産地でもある。昔から、水稲の裏作として小麦を栽培、製粉して小麦粉とし、日常食・行事食としてのうどん、ほうとう、団子は郷土料理として発達し、現在も残っている。

　稲作には適さない土地柄のため、小麦を栽培し小麦粉を応用した「粉もの文化」が発達している。夕食には、「おめん」または「めんこ」とよんでいる手打ちうどんを食べる地域もある。大釜で茹でた手打ちうどんを生醤油のタレで食べる「ずりあげ」は野菜をたっぷり入れた「切込み」（煮込みうどん）で食べる。小麦粉によるうどん料理が、埼玉県の郷土料理として定着している。うどん料理には「つゆ」が必要である。

　うどん料理は埼玉県内でも地域によって呼び名が違う。大里郡の岡部町の冬の麺は「にぼうと」という。ジャガイモ、ダイコン、ネギを加えて煮た煮汁を醤油仕立てにし、これに固めに作ったうどんを入れて煮る。岡部町の夏の麺は「うどん」といい、煮干しでとっただし汁を醤油仕立てとし、これにいろいろな薬味を入れて、冷たいうどんを付けて食べる。入間市の手打ちうどんのつゆも煮干しでとっただし汁を醤油仕立てとして、薬味の入れた麺つゆをつけて食べる。

汁物の種類と特色

　日常のさまざまな場面で作られるのが「田舎うどん」である。うどんの食べ方には「煮ほうとう」（別名「おっきりこみ」、醤油仕立て）、「打ち入

れ」（汁は味噌と醤油で調味）、「手打ちうどん」（汁の調味は醤油だけの地域と味噌・醤油を合わせた地域がある）、「煮込みうどん」（醤油仕立て）などがある。入間市の郷土料理には野菜の煮えた味噌仕立ての汁の中に、水でゆるく練った小麦粉を杓子で入れて煮る「だんご汁」があり、川口市には豚肉・油揚げ・野菜類を煮込み、この中に軟らかめに練った小麦粉の生地をちぎって入れて煮込み、さらに小口切りのネギを入れた味噌仕立ての「衛生煮」がある。共同給食で使われることが多いようで、衛生面に配慮してつくらねばならないので、衛生煮の名がついたといわれている。

「つみっこ」は別名「すいとん」といわれ、季節の野菜を入れて煮込んだ醤油仕立ての汁に、小麦粉に水を加えて弾力のある生地にし、これを団子状にして、汁の中に入れて煮込む。郷土料理の汁物としては、小麦粉を主原料とし、味噌や醤油で調味した汁に入れて煮込んだものが多い。

夏の盆の料理に、うどんのつけ汁として出された汁を冷たいご飯にかけた「冷や汁」、冷たいつけ汁で、氷で冷やしたうどんを食べる「冷や汁うどん」もある。

秋から冬の季節には、秩父山系で捕獲したイノシシの肉を味噌仕立ての汁で煮込む「イノシシ鍋」が用意されている。野猪鍋、シシ鍋、山クジラ鍋、牡丹鍋の別名もある。

食塩・醤油・味噌の特徴

❶食塩

海に面していないので、海水を原料とした食塩はない。

❷醤油・味噌の特徴

埼玉県には、文政年代（1818〜30）や1789（寛政元）年など、古くから創業した醤油会社が多い。醤油メーカーの蔵の中で日本古来の手法により発酵・熟成させた「手作り醤油」が多い。近年は、「もろみ醤油」が「もろみ漬け」に使われている。また、時代の流れに沿って「だし醤油」も作っている。秩父の水を使ったこだわり味噌に「秩父みそ」がある。

1992年度・2012年度の食塩・醤油・味噌の購入量

▼浦和市（当時、1992年度）とさいたま市（2012年度）の1世帯当たり
食塩・醤油・味噌購入量

年度	食塩（g）	醤油（mℓ）	味噌（g）
1992	2,034	10,036	9,353
2012	1,507	4,452	5,617

▼浦和市（当時、1992年度）の食塩・醤油・味噌の購入量に
対するさいたま市（2012年度）の購入量の割合（%）

食塩	醤油	味噌
74.1	43.1	60.1

　浦和市の1世帯当たりの1992年度の醤油購入量（10,036ml）は、うどんをよく食べる前橋市の1992年度の1世帯当たりの醤油購入量（12,074ml）と比較してみると、約83%であった。1世帯当たりの2012年度醤油購入量はさいたま市が4,452mlで、前橋市の7,768mlに対して約53%であった。埼玉県には小麦粉を使った郷土料理が多いから麺つゆに使う醤油の購入量は比較的多いが、日常食としてうどんを食べる群馬県のほうが醤油の購入量が多いと推測できる。

　埼玉県のうどんの食べ方の特徴は、太目のうどんに甘めの濃い醤油だし汁をかけて食べるようである。そのために、醤油の購入量は他の県に比べて比較的多くなるのかもしれない。生活習慣病が問題となってから、自治体の健康保健課や食生活改善グループの勉強会などにより、家庭での食塩の摂取量を少なくする食生活改善の結果が、2012年度の食塩・醤油・味噌の購入量の減少となったと考えられる。

地域の主な食材と汁物

　西部には秩父山地が、平野部は関東ローム層に覆われた丘陵・台地が、また利根川や荒川の流域は低地が広がっている。農業従事者は少なく、生産金額は多くないが、大消費地東京都に隣接し、野菜の供給地として重要な位置にある。郷土料理は多彩な伝統野菜と麺類が中心となっている。

主な食材

❶伝統野菜・地野菜

　クワイ、埼玉青ナス、紅赤（サツマイモ）、岩槻ネギ、潮止晩ネギ、山東菜（ハクサイ）、べなか（ハクサイ）、深谷ネギ、ほうれん草、ブロッコリー、サトイモ、キュウリ、ナス、なばな、トマトなど

❷主な魚介類

　ナマズ、モロコ（いずれも養殖）

主な汁物と材料（具材）

汁　物	野菜類	粉物、豆類	魚介類、その他
けんちん	ダイコン、ニンジン、サトイモ、ゴボウ、ネギ	豆腐、油揚げ	コンニャク、菜種油、味噌／醤油仕立て
湯豆腐	ネギ	豆腐	昆布（ダシ）、かつお節・醤油（つけ汁）
おっきりこみ	根菜類	幅広うどん	醤油仕立て
だんご汁	キノコ、ニンジン、ダイコン、ネギ	小麦粉（→団子）	味噌仕立て
衛生煮	ダイコン、ネギ	小麦粉（→団子）、油揚げ	豚肉、味噌仕立て
つみっこ(水団)	季節の野菜	小麦粉（→団子）	醤油仕立て
冷や汁(うどん)	大葉、キュウリ、ミョウガ	うどん	白ごま、味噌、砂糖、冷水
すったて (川島の呉汁)	夏（大葉、キュウリ、ミョウガ）冬（野菜、ジャガイモ）	呉汁	ゴマ、味噌
深谷ねぎ汁	深谷ネギ		味噌汁
鯉こく			コイ（角切り）、味噌仕立て

郷土料理としての主な汁物

　秩父の山岳地帯には、春は山菜、秋はキノコに恵まれている。水田が少ないため稲作は難しいが、小麦、大豆、野菜が栽培されている。郷土料理

には、主材料に小麦粉を使った麺類と野菜類をたっぷり入れた汁物が多い。

- **おっきりこみ（煮ぼうとう）** 群馬県のおっきりこみと同じである。中国から京都へ伝わり、上州の新田義重が京都で覚えためん類が、ルーツといわれている。おっきりこみは、秩父や上州の郷土料理としてまとめられている資料が多いので、ルーツは同じと思われる。おっきりこみは、生地（麺帯）を幅広い麺にして、茹でないで野菜の入った汁の中に入れ、麺帯を作る時に使った打ち粉が、汁の中に溶け出してどろどろの汁になる。この煮込み（煮ぼうとう）は、粉のうま味も味わうことができ、粘りのある汁が体内に入ることにより、温まるという利点がある。

- **けんちん汁** もともとは、修行僧の精進料理であるから、各地の「えびす講」に作られるように、埼玉県の農家でも「えびす講」に作る。冬至など冬の物日に体を温める料理として作られる。

- **つみっこ（すいとん）** 一般には、「すいとん」といわれるもの。小麦粉に水を入れてある程度の硬さの生地を作り、これを指先でちぎりながら、野菜がたっぷり入った汁たっぷりの鍋に入れ、醤油で味を調える。

- **冷や汁と冷や汁うどん** 「冷や汁」は、秩父とその周辺の家庭料理として作られるが、ダイエットに良い食べ物として紹介されているのが「冷や汁うどん」である。夏バテで食欲のない時に、ご飯にかけて体力回復の期待のために作られた。旧家のお盆に親戚一同が集まった時、宴席の後にうどんのつけ汁として供されることもある。地元の野菜や豆腐、油揚げ、薬味を入れただし汁を味噌または醤油で味を調え、冷やしてご飯にかける。「冷や汁うどん」はごまみそ風味にし、薬味を入れて冷たくした麺つゆで、冷たいうどんを食べる。現代は、食品の流通が非常に良いので、魚の干物の焼いたものや刺身も利用して、栄養のバランスのよい冷や汁を作ることができる。

- **だんご汁** キノコや野菜がたっぷり入った味噌仕立ての汁に、水でゆるく練った小麦粉を汁杓子ですくって落とし、浮き上がるまで煮立たせた、入間地区の郷土料理である。晩秋の冷え込む夜は、全面に広がっている小麦粉の汁が体を温める効果が期待されている。

- **衛生煮** たんぱく質供給源の材料として豚肉や油揚げにダイコンを入れて煮込む。さらに、軟らかく練った小麦粉をちぎって入れた味噌汁である。学校給食などでの栄養、経済、衛生などの面でいろいろなことに留

意したところから、衛生煮の名がついた。

- **深谷ねぎ汁**　深谷ネギは、深谷市が千葉からネギを導入して栽培している。沖積地と赤城おろしの風が吹き付ける気候がネギの生育に適していた。深谷ネギは、土壌の中で成長した白い部分が多く、軟らかく甘味がある。「深谷ネギ汁」はネギの味噌汁のことで、シンプルな汁物でネギの風味が味わえる。

- **鯉こく**　筒切りしたコイを濃い味噌汁で煮込む。料理名は鯉濃醬（こいこくよう）を略した言葉に由来。料理法は苦玉を除いた内臓と筒切りした身肉は一緒に煮込む。うろこはついたまま煮込むのが特徴。

【コラム】伝統野菜と麺類中心の郷土料理が多い

埼玉県は多様な伝統野菜を栽培している地域である。越谷市特産のクワイは、稲作の裏作として栽培されたものである。海の魚とは無縁と思われる地域であるが、川口市は刺身のつまとして使われる「ハマボウフラ」を栽培している。吸物や焼き物に香気野菜として使われるサンショウの若芽「木の芽」の栽培も盛んである。伝統野菜の「埼玉青ナス」は上尾市や北本市で、明治期から栽培されている伝統野菜である。昔から、広く小麦を栽培している地域で、夕食や客へのもてなしに夏は冷たいうどん、冬は具が多く、汁の多いうどんを食べる。

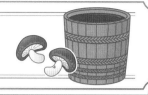

伝統調味料

▼浦和市の1世帯当たりの調味料の購入量の変化（2010年はさいたま市）

年　度	食塩（g）	醤油（ml）	味噌（g）	酢（ml）
1988	3,299	13,325	11,686	2,169
2000	1,859	6,467	7,455	2,058
2010	1,163	5,368	6,708	3,253

　埼玉県は、海のない内陸県である。西に秩父山地があり、中央を荒川が流れていて、荒川沿いに秩父盆地が開けている。北の県境に利根川が西から東に流れている。江戸と京・大阪を結ぶ中山道は、埼玉の中央を南北に縦断し、県の北部は日光街道、西部は川越街道が通っている。これらの街道には多くの宿場が置かれ、往来する人によって宿場文化というものが生まれたといわれている。

　埼玉県の食の基盤は農業である。夏と冬は降水量が少なく、しばしば陸稲や野菜が旱害に見舞われる。江戸時代から新座地区は、ダイコン、ゴボウ、カブ、サトイモの栽培が盛んである。明治時代になるとレンコンとクワイの生産にも力を入れるようになった。かつては、埼玉の食を支えていたのは大麦を米に混ぜた「麦ご飯」であった。麦ご飯を中心とした日常食の中に、小麦粉を使ったうどんやすいとん（「つみっこ」とよんだ）が供された。お盆、祭りの日などのハレの日には白米も赤飯も利用されたが、小麦粉を使った饅頭やうどんが多かった。おやつの主役は、川越いもといわれたサツマイモで、江戸中期から栽培されていて、天明の飢饉（1782〜87）のときには、非常に役立った食品であった。

　埼玉県の醤油や味噌の購入量は、関東の他の県の購入量に比べると少ないのは、醤油ベースのつゆで食べるうどんや、味噌を塗って食べる焼き饅頭などの利用が少ないからと推察する。

埼玉県の郷土料理の「おめん」は、手打ちうどんのことで、「煮込み」や「切り込み」で食べる。うどんはハレの日に食べ、群馬県のようにうどん食に執着していないようである。近年になって、東京のベッドタウンになり、東京のいろいろな国の料理が取り入れられていることも、醤油や味噌の購入量が少ない一因かもしれない。

　川越のサツマイモは、芋餅、芋団子、武蔵野焼き、芋煎餅、芋煎餅などいろいろに加工している。武蔵焼きとは、埼玉独特の芋の加工品である。生イモの中身をえぐりだした中に、栗・ギンナン・百合根・ムカゴ・マツタケなどを詰め、味噌・醤油で調味し、天火で焼いたものである。小麦粉の加工品でもサツマイモの加工品でも醤油や味噌の使用量はそれほど多くないのが、埼玉県の調味料の利用状況と考えられる。海がないから川魚が動物性たんぱく質源となる。古くから県庁所在地の浦和市（現在のさいたま市）の郊外の「大田窪地の鰻」は有名である。現在のように養殖ウナギが普及する前は、遠方からもこの地の天然ウナギを食べにきたそうである。蒲焼きのタレは秘伝のタレで通しているに違いない。

　秩父地方で栽培しているしゃく菜は、この地方では最盛期の1〜3月は各家庭で塩漬けにする。県庁所在地のさいたま市の1世帯当たりの食塩の購入量には反映しないが、この時期の食塩購入量は多いようである。1世帯でしゃく菜の漬物は、一度に約30kgほどをつくり、漬物はそのまま漬物として食べるなり、塩抜きして油炒めや白和えなどにも利用している。秩父地方のスーパーでは茹でた内臓（小腸）を発泡スチロールのトレイにのせ、包装して普段の食べ物のように売っている。各家庭では、味噌煮こみにして食べる習慣があるらしく、味噌の購入量も多くなると思われる。秩父の名物に、「豚肉の味噌漬け」があるので、食肉会社での味噌と味の調製に使う調味料の購入も多いと考えられる。

　調味料の種類や味付けの好みは、地域、個人によって千差万別である。地方を調べれば面白い食文化が形成されているかもしれないと信じるところである。

知っておきたい郷土の調味料

醤油・味噌

　埼玉県は荒川・利根川の2大水系に潤わされ、近県からの大豆、米の仕入れも便利だったこと、大消費地の江戸に近かったので、古くから醤油・味噌・清酒などの醸造の盛んなところであった。

- **埼玉県の醤油・味噌の特徴**　埼玉県には古くからの醤油醸造会社が多い。例えば、文政年代（1818〜30）に創業した合名会社・松本醤油商店（川越市）、寛政元（1789）年に創業した笛木醤油㈱本社（比企郡）、深井醤油㈱（所沢市）などがある。松本醤油商店は、蔵の中で日本古来の手法により発酵・熟成させた手作り醤油「初雁しょうゆ」、もろみの「初雁の里もろみ漬け」などを製造・販売している。笛木醤油は時代に合わせて「だし醤油」を作り、深井醤油は醤油（本むらさき）のほかにたまり漬け、だし醤油（昆布だし入り）を製造・販売している。栄徳屋（秩父郡）は、大豆・米・麹だけの手作り味噌を製造・販売している。秩父の水を使ったこだわり味噌に「秩父みそ」（新井武平商店）とご当地の名を入れた味噌もある。

たれ・ソース

- **焼き鳥のたれ**　埼玉県東松山市は、関東地区では焼き鳥（焼き豚）の店が多いことで有名である。そのために店独特のタレの種類は多い。調味料会社も特製焼き鳥用タレを開発している。東松山市の焼き鳥の特徴は、かしら（豚の頭部の肉）をみそダレで食べるのが東松山流食べ方のようである。各店や消費者の意見を参考にしてつくられたのが、「ひびき」製「秘伝みそだれ」である。原料は味噌・砂糖・醤油・日本酒・ニンニク・ショウガ・トウガラシ・ゴマ・うま味調味料であり、ニンニクの香りと舌先で感じるトウガラシの辛さ、ゴマの豊かな香が特徴の味噌だれである。焼き鳥だけでなく、生野菜のスティックにつけてもよい。
- **みそだれ**　自宅での焼き鳥、焼肉、野菜炒めラーメン、漬物の調味料として販売されている（市川商事）。
- **たまごかけご飯のたれ**　たまごかけご飯用に開発されたタレ（金笛醤油

製の醤油系のタレ）である。

香辛料

- **柚子コショウ**　柚子コショウの生産地の有名なのは大分県であるが、近年、各地で柚子コショウやかんきつ類とコショウを混ぜた香辛料の種類が増えた。埼玉県でも、地元の柚子と青トウガラシ、塩を練り合わせた香辛料を「ゆずこしょう」の名で販売している。鍋物、湯豆腐、冷奴、漬物の香辛料に適している（越生特産物加工研究所）。

だし

- **干ししいたけ**　埼玉県は古くからシイタケの栽培で知られている県である。平成23（2011）年3月11日の東日本大震災に伴う東京電力の福島第一原子力発電所の事故による放射性物質の飛散は、埼玉県の野地栽培のシイタケの放射線量が基準値より高くなり一時は出荷ができなくなったこともあった。近頃は放射線量も減少し、だし用の乾燥シイタケも流通するようになっている。埼玉県のスライスした乾燥シイタケは、だしを取りやすくなっている。

郷土料理と調味料

- **イノシシ鍋**　牡丹鍋、しし鍋ともいわれている。秩父山系にはクマ・シカ・イノシシが生息している。イノシシの肉は味噌仕立てのなべ料理や味噌漬けは秩父盆地の郷土料理となっている。肉には野生動物の特有の臭みがあるので、赤味噌で臭みを緩和して食べるのがよい。肉には寄生虫がいるので、生食は禁止である。山間部の開発により、山にはイノシシやシカ、クマなどの餌がなくなり、畑の野菜、果物などが荒らされている地域は、神奈川県の丹沢山系、静岡県の伊豆・天城、兵庫県の丹波篠山などその他各地にみられている。

発　酵

猪鼻熊野神社甘酒まつり

◆地域の特色

　東京都市圏の一角を成し、都道府県別の人口は、東京都、神奈川県、大阪府、愛知県に次いで全国5位である。日本で八つある内陸県の一つであり、1都6県に接している。隣接する県の数は、長野県に次いで2位である。地形は、八王子構造線によって、その東側の平地部と西側の山岳部に分けられる。東側の平地部は、武蔵野台地、大宮台地などが広がる。西側の山地部は関東山地に含まれ、その中央部に秩父盆地がある。秩父地方は中央高地式気候、それ以外の地域は太平洋側気候である。冬季は全体的に冷え込みが厳しく、秩父地方は、厳冬期は−10℃近くまで冷え込むこともある。一方、夏季は他県と比較して全体的に暑さが厳しく、熊谷や越谷などでは日本国内でも屈指の酷暑となり、40℃を超える気温も観測されている。降水量は全般的に少ないが、特に冬季の降水量が非常に少なく、快晴日数は全国一である。

　農産物としては、北部には近郊農業が盛んな地域があり、深谷市などのネギやブロッコリー、入間郡などのコマツナの産出額は日本一である。

◆発酵の歴史と文化

　2012（平成24）年頃から始まった発酵食品ブームの流れに乗って注目されるようになり、今やどこのスーパーにも置いてある甘酒だが、そもそも甘酒は神にお供えするものだった。

　秩父市にある猪鼻熊野神社では、毎年7月の第4日曜日に「甘酒まつり」が行われる。別名「甘酒こぼし」ともいわれ、県選択無形民俗文化財に指定されている。悪疫退散、災い除けを祈願し、締め込み、わらじ姿の男たちが、470ℓにもおよぶ容量の大きな樽に入れられた甘酒をおよそ30分にわたって威勢よくかけ合う。由来については、大和 武 尊が東征の折に山賊を倒したことから祭りが始まり、736（天平8）年の疫病流行時ににごり

酒から甘酒に変更され、疫病払いのために裸になったといわれている。

全国各地の神社で「甘酒祭り」が行われているが、猪鼻熊野神社の「甘酒こぼし」は、最も迫力あるものの一つである。

◆主な発酵食品

醤油　埼玉県は、小麦と大豆作りの条件に恵まれており、県産小麦を使った醤油が造られている。戦後の食糧難をきっかけに、全国どこの醤油メーカーも大豆油を搾油した脱脂加工大豆を使うようになった。それが1975（昭和50）年頃から、搾油前の大豆から造る昔ながらの醤油（丸大豆醤油）が復活してきたが、この丸大豆醤油は埼玉県で最初に作られたといわれている。

「小江戸」と呼ばれる蔵作りの建築物が多く残る川越にある、250年以上続く醤油屋の老舗松本醤油商店には今も江戸時代に建てられた蔵が残っている。その他、1789（寛政元）年創業の笛木醤油（比企郡川島町）、弓削多醤油（坂戸市）などがある。

味噌　米味噌が主体であるが、良質の麦が穫れる秩父地方では伝統的に麦麹を使った特有の豊かな味、香り、風味をもつ田舎味噌が造られている。新井武平商店（秩父郡）、ヤマキ醸造（児玉郡）、中沢食品（本庄市）などで造られている。

日本酒　荒川と利根川という二つの大河が流れており、これらの伏流水を用いて酒が仕込まれている。全体的に埼玉県の水は軟水のため酒質はやわらかく、まろやかな酒ができる。2004（平成16）年には、「若水」を父に「改良八反流」を母にもつ「さけ武蔵」という新しい酒米が埼玉県で開発された。

1753（宝暦3）年創業の武甲酒造（秩父市）、1748（寛延元）年創業の釜屋（加須市）のほか、東亜酒造（羽生市）、五十嵐酒造（飯能市）、小江戸鏡山酒造（川越市）、武蔵鶴酒造（比企郡）、松岡醸造（比企郡）、小山本家酒造（さいたま市）、北西酒造（上尾市）など34の蔵がある。

焼酎　川越産の紅赤金時芋を使用した芋焼酎のほか、米焼酎などが造られている。

ワイン　1930年代後半から奥秩父両神山の麓でブドウの栽培、ワイン醸造を続けている秩父ワイン（秩父郡）のほか、山ブドウ品種の

小公子で造る武蔵ワイナリー（比企郡）などがある。

ビール　イモを原料にした世界初のビールを造った小江戸ビール（川越市）をはじめ、さいたま市産原料100％のビールを造る氷川ブリュワリー（さいたま市）など、県内に多数の醸造所がある。

ウイスキー　秩父市に、2007（平成19）年に蒸留所を開設したベンチャーウイスキーの「イチローズモルト」がある。世界的に権威のあるコンテストで次々と賞を受賞したことで有名になり、近年、全国各地にできているクラフトウイスキーの魁けとなった。

秩父おなめ　大豆と麦を主原料に醸造した麦味噌に切り刻んだナスとショウガを混ぜたもので、おかず味噌の一種である。

しゃくし菜漬け　秩父地方で、ハクサイの代わりに作られてきたしゃくし菜の漬物である。歯切れがよく、乳酸発酵が進み古漬けになるとべっこう色になって風味が増す。古くから冬の保存食として作られていた。江戸時代から続く河村屋（さいたま市）などで製造されている。

紅茶　狭山茶は、入間市、所沢市、狭山市などで生産され、静岡茶、宇治茶と並んで日本三大茶とされている。近年、これまでの緑茶に加えて、発酵茶である紅茶の生産もされている。

◆発酵食品を使った郷土料理など

呉汁うどん　たっぷりの野菜類と芋がらが入った味噌仕立ての煮込みうどんである。冬季に比企郡川島町で食される。

すったて　味噌をベースにごま、キュウリ、青ジソ、ミョウガなどの夏野菜をすり鉢ですり合わせたものを、冷たい水やだし汁で割ってつけ汁とし、これにうどんをつけて食べる、比企郡川島町に昔から伝わる夏の郷土食である。

おっきりこみ　小麦粉で作った幅広の麺を季節の野菜やサトイモ、ダイコンなどとともに味噌や醤油ベースで煮込んだ、秩父地方の郷土料理（煮ぼうとう）である。

煮ぼうとう　中力粉や強力粉を用いた幅広の麺をネギなどの野菜を中心とした具とともに煮込んだうえ、醤油で味付けを行った深谷市の郷土料理である。

すまんじゅう　　　秩父郡長瀞町で作られている饅頭で、米麹を入れて発酵させた皮に餡が入っている。

ねぎ味噌せんべい　　　甘くておいしい深谷ねぎを使用し、特製の味噌ダレを絡めて焼き上げた煎餅である。

草加せんべい　　　うるち米を原料とした硬めでパリッとした食感の醤油味の煎餅である。米を団子状にしてから乾燥させ保存食としていたものを、江戸時代に草加宿で販売したのが発祥とされる。

みそポテト　　　農作業の合間などに食べる郷土料理である。一口大に切って茹でたジャガイモに、小麦粉を溶いた衣につけて油でカラッと揚げ、甘辛い味噌ダレをかけて食べる。

糀カレー　　　甘酒を添加したカレールーであり、井上スパイス（上尾市）で作られている。小麦粉の代わりに米粉を、砂糖の代わりに甘酒の甘みをつけた和食の伝統を生かしたものである。

◆発酵にかかわる神社仏閣・祭り

猪鼻熊野神社（秩父市）　甘酒祭　　　猪鼻地区にある熊野神社の夏祭りに行われる珍しい行事である。別名「甘酒こぼし」ともいわれ、「甘酒祭」として県選択無形民俗文化財に指定されている。

梅宮神社（狭山市）　甘酒祭り　　　838（承和5）年、京都の梅宮神社を勧請したといわれ、毎年2月10日、11日の両日に甘酒祭りが開催される。

下老袋氷川神社（川越市）　甘酒祭　　　毎年2月11日に行われている神事で、弓取式、豆腐刺しと甘酒祭の3部で構成されている。この甘酒を飲むと、その年1年風邪をひかないといわれている。

八坂神社（秩父郡）　間庭の甘酒まつり　　　400年近くの歴史をもつ祭りで、毎年7月第3日曜日に開催される。麦で醸した甘酒を神殿に奉納し、町人たちの無病息災を願う。

西粂原鷲宮神社（南埼玉郡）　甘酒祭り　　　10月9日に開催される神事で、初穂の稲で作った米を炊き、そこに麹を加え、一昼夜発酵させた甘酒を御神饌として神前にお供え

する。

◆発酵関連の博物館・美術館

醬遊王国（日高市）　　弓削多醬油が運営する醬油に関する資料館で、木桶で仕込む様子や、醬油の醸造過程を知ることができる。

藍染ふる里資料館（羽生市）　　武州中島紺屋が運営する資料館で、藍染めの解説や藍の栽培方法など、武州藍の歴史と工程が一目でわかる貴重な資料が多数展示されている。

◆発酵関連の研究をしている大学・研究所

日本薬科大学薬学部　　地域連携事業として甘酒プロジェクトが行われており、これまでに、地元の企業とのコラボレーションにより、甘酒「甘こうじ」、甘酒を使った「糀カレー」、甘酒や塩麴を使った「携帯サンドイッチ」などが発売されている。

発酵から生まれたことば　笑い上戸と泣き上戸

　お酒を飲むと笑いが止まらなくなる人を笑い上戸という。よく笑う人がいるとお酒の場が盛り上がる。反対に、飲むとつい泣いてしまうという癖のある人を泣き上戸という。一般に、周りの人を困惑させるので楽しいお酒の席では歓迎されない。

　元々は「上戸」とは「酒に強い人」「酒の好きな人」のことを指す。語源としては江戸時代の随筆『塩尻』に、庶民の婚礼では「上戸八瓶、下戸二瓶」の酒が供されたとあり、上戸では多くの酒が出されたので、これが転じて酒好きの人を「上戸」と呼ぶようになったといわれている。ちなみに、お酒が飲めない人は下戸と呼ばれる。

いがまんじゅう

和菓子 / 郷土菓子

地域の特性

日本列島の海のない内陸県の1つ。関東平野のほぼ中央に位置し、北に利根川、東に江戸川、県の中央部には、秩父山地に源を発した母なる荒川が流れ、南に隣接する東京都から東京湾に注いでいる。

冬は秩父颪（おろし）が吹き、晴天が続き空気は極端に乾燥する。夏は暑く降水量は少なく、典型的な表日本式内陸型気候である。この風土に適したのが麦栽培で、埼玉の食は麦で支えられ、麦の混ざったご飯は昭和30年代頃まで一般的であった。行事日には、どの家でも小麦粉をふんだんに使った饅頭やうどんが作られ、新麦収穫後のお盆には、「朝まんじゅうに昼うどん」という言葉が合言葉のように使われ、埼玉県は"粉物県"の横綱級である。

県北地方では今日でも水田の裏作に小麦がつくられ、二毛作が行われている。埼玉県は現在でも麦の主要生産県で、平成26年度の生産量は18,800トンで全国8位（1位は北海道）となっている。

地域の歴史・文化とお菓子

「小麦饅頭」「草加煎餅」「芋菓子」

①二毛作の歴史と麦翁（ばくおう）・権田愛三（ごんだあいぞう）

本庄市の「今井条理遺跡」は、11世紀から13世紀のものでここでは水田と畑地の転換が頻繁に行われていた。つまり二毛作の歴史を伝える遺跡で、埼玉県下ではかなり古くから麦が栽培されていた。

だが、我が国では大麦・小麦を利用し、粉食として食生活に登場するのは、粉挽き臼が開発され、製粉技術が発達する江戸時代中期以降を待たなければならなかった。

その県下の麦の量産に取り組んだのが熊谷の権田愛三（ごんだあいぞう）（1850〜1923）で早春に「麦踏み」をすることと、「二毛作」をすることを農家に伝授し、

良質な麦の収穫量を4～5倍にしたのである。彼は全国各地に技術指導に出向き、人々に"麦翁"とよばれていた。

②荒川の「船水車」

寄居町の「さいたま川の博物館」には、荒川の急流を利用した「船水車」がある。小麦の製粉をするこの船水車は、船上に小屋が設けられ、船の側面では水車が廻り小屋に設置された石臼と連動して製粉や精米ができた。

船水車は川の増水時には移動ができ、流域の人たちに親しまれ、江戸中期頃から、明治、大正、昭和初期まで利用されていた。

③古老の「石焼き餅」の話

旧川本町出身の人によると、子供の頃（戦前）、小麦が収穫されると父親が小麦の俵を馬に付け、川本町の荒川の船車（船水車）へ粉挽きに行った。新麦の粉で父親が「石焼き餅」を作って土産に持って来てくれるのが楽しみだったという。その「石焼き餅」というのは、荒川の河原石を焚き火で熱く焼き、その石を捏ねた饅頭の皮で包むと、石がじんわりと、こんがりと素材の小麦粉を焼き上げてくれるのである。

船水車の船頭が、粉挽きの合間に作っていたそうだが、粉挽きに来た人が燃料持参で、子供たちの土産にしていた。新麦の小麦の甘さと、香ばしさが美味しく、子供ながらなんともいえず嬉しかったと語っていた。

石器時代さながらのこの「石焼き餅」は、現在レプリカだが、寄居町の川の博物館に展示されている。

④小麦饅頭のいろいろ

小麦の収穫後には、「炭酸饅頭」「酢饅頭」「茹で饅頭」「いが饅頭」とさまざまな饅頭が作られる。砂糖が貴重だった時代（昭和30年代頃まで）、饅頭の多くは塩餡であった。今でも行田市方面では「塩あんびん」といって、塩餡の大福餅が和菓子店で売られている。

「酢饅頭」は、麹から辛口の甘酒を作りその絞り汁で小麦粉を捏ね、生地の発酵を待って作るもので、夏場に作られる。「炭酸饅頭」は、重層（炭酸水素ナトリウム）で饅頭生地を膨張させるもので、黄色く色づき独得の匂いがする。その他「茹で饅頭」は捏ねた饅頭生地で直接餡を包み、熱湯で茹でる。「いが饅頭」は、餡入りの小麦饅頭を蒸した赤飯の上に並べ、再度蒸して取り出すとき、饅頭をひっくり返して赤飯が全体を包むようになったら出来上がり。もち米の節約が「いが饅頭」であった。

⑤草加煎餅

東武鉄道の草加駅前には、煎餅を食べる少女の像や煎餅を焼いている「おせんさん」という女性のブロンズ像がある。ここはその名も知られた「草加煎餅」の発祥地で、旧日光街道沿いには草加煎餅店が軒を連ねている。

草加煎餅の歴史は諸説あるが、江戸の昔旅人相手に団子を売っていた茶店の老婆が、武者修行中のお侍に団子が日持ちしないことを嘆くと、「ならば薄く切って延ばし天日に干し、焼いたらどうか」と教えられた。それが草加煎餅の最初で、この茶店の老婆が駅前の「おせんさん」の像だったのである。最初は塩味で「塩煎餅」とよばれていたが、後に醤油の普及とともに現在の味となった。

1830（天保元）年刊の『嬉遊笑覧』（百科事典的随筆集）には「塩煎餅」が記されているので、今日のような醤油味の香ばしい煎餅になったのは明治以降のことであろう。草加近辺は良質な米が収穫され、野田醤油の生産地も近くにあり、東京という消費地を控え大いに人気を博した。

⑥五家宝は旅人の携行食

中山道の熊谷地方には五家宝がある。主原料はもち米、麦芽から作った水飴、大豆で作る黄な粉。熊谷地方も良質の米が収穫され、田の畔には大豆がとれ、水飴の原料となる大麦も生産されていた。

製法はもち米を餅に搗いてからアラレ状に乾燥させ、蜜でからめ棒状にする。これを芯にして、黄な粉に蜜を加えた生地で巻きあげて切り分ける。腹持ちのよい菓子で、旅人の携行食だったようである。

由来も多く、①享保年間（1716〜36）上野国五箇村（現群馬県千代田町）で作られた、②文化年間（1804〜19）武蔵国不動岡（現埼玉県加須市）で作られた、③水戸の人が移住して「吉原殿中」（茨城県参照）を真似た、などがあり、名も「五箇棒」「五嘉宝」とさまざまである。

江戸後期の狂歌師で御家人の太田南畝が1777（安永6）年、将軍の日光社参に同行した際「「五荷棒」なる菓子はあったが口に合わなかった。しかし、40年後に食べた時は旨くなっていた」と随筆『奴凧』（1821）に記している。

⑦江戸っ子に好まれた川越芋

川越芋の栽培は1751（寛延4）年に川越藩主・秋元但馬守の奨励で始められた。青木昆陽が、小石川植物園と吹上御所でさつま芋の試植をした

1734（享保19）年から17年後になる。その後江戸で焼き芋が大ヒットするのが寛政の頃（1789～1801）で、この頃焼き芋を通して川越芋の名は有名になった。砂糖が貴重だった時代、さつま芋の甘さは庶民の至福の美味しさで、焼き芋屋のキャッチコピーも「栗（9里）より（4里）うまい13里」（13里〈約52km〉は川越・江戸間の距離でもあった）ということで、「13里」は川越芋の別称であり、大いに江戸で評判をよんだのである。

　川越はもとより江戸城の守りとして川越城が築かれ、新河岸川を通じて江戸文化が流入し「小江戸」として発達してきた。

　川越藩の御用菓子司で芋菓子の老舗・亀屋の創業は1783（天明3）年と古い。芋菓子になる「紅赤」は、明治の末に改良されたもので芋せんべい「初雁焼き」は、これを薄く切って鉄板で焼き、砂糖蜜を塗って黒ごまを振りかける。川越城は別名「初雁城」といわれ、晩秋には雁が飛んで来て城の上空で3声鳴いて廻ったという。そこから「初雁焼」と名付けられた。落雁には「初雁城」があり、他に芋納豆や芋羊羹など多種ある。

行事とお菓子

①初山参りの「小麦饅頭」と「あんころ餅」

　「初山」は子供の健康を祈る行事で、利根川流域の富士浅間神社の7月1日のお山開きに行われる。昔は新麦の粉で小麦饅頭を作り、その年生まれた赤子を神社に連れて行き、額に御朱印を貰い足腰達者で富士山に登れるようにと祈った。川越地方は7月13日に神社に参拝の後、あんころ餅と団扇を購入し親戚やご近所に配る。あんころ餅は子供がころころと元気に育ち、団扇は夏の災厄を追い払うという願いが込められていた。

②ケツアブリの小麦饅頭

　7月1日（旧6月1日）を嵐山町等では、門口で小麦藁とバカヌカ（脱穀の殻）を燃やし、無病息災を祈って尻を炙り饅頭を食べた。昔、時ならぬ大雪に遭った坂上田村麻呂一行が、龍を退治した帰途、家々の門火で尻を炙り、饅頭を食べて元気になったという。

③天王様の「饅頭講」

　小川町地方では「饅頭講」といって、7月14、15日の天王様（八坂神社）に饅頭を作るために、小麦や小豆、砂糖など持ち寄る講があった。同族の5軒ぐらいが集まり、毎年持ち回りで「宿」をきめて準備をする。饅頭は

1口60個で数口入り、出来上がると嫁いだ娘や親戚に重箱に詰めて配った。20年前より麹を使う酢饅頭になったが、以前は麹の発酵の手間も、重曹を買うお金も要らないですぐできる「茹で饅頭」だったのでたくさん作ったという。材料持ち寄りの「講」は終了したが、饅頭は現在も作られている。

④冠婚葬祭のいがまんじゅう

　もち米の節米から作られたというこのまんじゅうは、赤飯で小麦まんじゅうが包まれている。北埼玉の夏祭りや冠婚葬祭のハレの日に作られ、菓子名は全国的で外側の赤飯が栗の「いが」になぞらえていた。今では埼玉のB級グルメ。農林水産省の「郷土料理百選」の1つである。

知っておきたい郷土のお菓子

- **四里餅**(しりもち)(飯能市)　明治期創業・大里屋の名物餅。名栗川上流の良質な杉・西川材を江戸へ運ぶ筏師たちが、この餅で四里の急流を尻餅もつかずに難所を乗り切ったという逸話がある。漉し餡、粒餡2種の小判型の大福餅。

- **味噌つけまんじゅう**　起源は西川材を運んだ筏師の弁当で、餡入り酒まんじゅうを串に刺して両面焼き、甘味噌だれを塗ったもの。

- **一里飴**(越生町)　住吉製菓の名物飴。昔は梅の蜜を使っていたが、現在は蜂蜜。大粒の飴で口に入れ1里（約4km）歩いても溶けないという。

- **塩餡びん**（北埼玉一帯）　びんは餅のこと。塩餡の大福で北埼玉地方の名物。砂糖が貴重だった時代を偲ばせるもので、現在はこの大福餅に砂糖をつけて食べるのが習わしとなっている。

- **えびし**（秩父地方）　秩父は柚子の産地。えびしは「柚べし」で柚子の皮、砂糖、醤油、ごま、落花生などを小麦粉で練り込み蒸したもの。昔の婚礼料理の口取り。砂糖を味噌に替えると戦国時代の保存食となる。

- **さつま団子**　さつま芋の切干しを砕いて粉にし、団子に丸めて蒸し、黄な粉で食べる。狭山茶の摘み取りや人寄せのおやつに作った。

- **十万石まんじゅう**　十万石ふくさやの銘菓。忍城（十万石）をイメージにした現代の菓子。漉し餡を包んだ俵型の真っ白な薯蕷(じょうよ)饅頭。

- **白鷺宝**(はくろほう)（さいたま市）　菓匠花見の銘菓。野田の鷺山の水辺にたたずむ鷺の姿をイメージに創製された菓子で、黄身餡を包んだミルク仕立ての

白くまろやかな現代の菓子。

● **菓子屋横丁の菓子**　川越の有名なスポット。明治初期より駄菓子を作り関東大震災後は下町の菓子問屋が移住。元は「飴屋横丁」だったが、今は十数軒芋アイス、麩菓子、カルメ焼き、ニッキやハッカの飴などが売られ、環境省の「かおり風景100選」に選定されている。

乾物 / 干物

小川青山在来大豆

地域特性

　埼玉県といえば県南が大都市東京に接し、大消費地を抱え、北は秩父山系、県境では山梨県、群馬県、茨城県、千葉県、栃木県に接している。荒川、利根川などの大河を有し、関東平野は野菜や米など農産物の生産県として、長ネギ、ブロッコリー、ホウレンソウ、里芋などの多彩な農産物が生産されており、特に野菜の産出額は全国6位に入るなど近郊農業が盛んな地域である。

　埼玉県はスパゲティの購入量では全国でトップ。家計調査によると2012～14年の2人以上の世帯のスパゲティの年間購入量は4,262g。全国平均より3割以上上回り、金額では東京に次いで2位である。街道筋にはイタリアンの店も多く、手軽な外食として食べる習慣が根強く、さらにパスタなど自宅での消費も多いのは小麦文化と関係している。

　うどんといえば香川県だが、埼玉のうどんは香川に次いで2位。全国有数の小麦の産地で、「朝まんじゅうに昼うどん」という言葉がある。熊谷市、深谷市、行田市などの県北部を中心に栽培している作付け面積の9割以上が麺用粉「さとのそら」という品種だ。埼玉県北部は晴天率が高い温暖な気候と、流通に便利な立地に恵まれており、特に秩父は乾物の椎茸や乾麺で有名である。

知っておきたい乾物 / 干物とその加工品

小麦さとのそら

　埼玉県は関東平野の中心地として、古くから小麦の生産県であった。小麦の生産量は全国8位で、品質、製粉工場、産地などの評価が高い。中でも「さとのそら」は従来の農林61号より収量が多く、草丈が短く倒れにくいなどの特徴から、「麺用」小麦として生産されている。

　また、「あやひかり」は品種改良種として作付けされている。低アミロ

ース品種であり、麺用粉としては滑らかな食感で香りがよい。でんぷんに
はアミロペクチンとアミロースの2つの成分があり、アミロースが少ない
低アミロースのものはモチモチ感がある。

大麦　　小麦の産地でもあるが、大麦の産地でもある。ビール用二条大
麦「彩の里」は、大手ビール会社と提携し、契約栽培が主体である。
また「すずかぜ」は麦茶用六条大麦で、夏場の主力である、麦茶の原料と
して人気がある。

五家宝（ごかぼう）　　熊谷地方に伝わる銘菓である五家宝はまさしく乾物である。
原料は餅米、麦芽、水あめ、黄粉である。おこし種を水あめで
固め、棒状にした芯を、黄粉に水あめなどを混ぜて巻き上げ、さらに黄粉
をまぶした菓子である。青大豆黄粉を使ったものもある。

小川青山在来大豆　　マメ科の一年草であるダイズの種子を乾燥させ
た製品。埼玉県小川町下里地区は米、大豆をはじ
め有機農業を取り入れて無農薬栽培を始め、大豆は田んぼの畦豆として、
米の代わりをしていた。雑穀が主食だった時代からおいしいとされた在来
品種「小川青山在来」を育てている。

　豆乳とおからの分離がよく、豆乳の濃度を上げても豆乳の切れがよいの
が特徴で、色は青大豆に近く、豆乳や豆腐はやや黄色味を帯びる。煮豆、
枝豆にしてもおいしいと評判である。

埼玉大豆「行田在来」（ぎょうだざいらい）　　埼玉県北部の行田地区の畦道で栽培されて
いた大豆の在来種で、通常の大豆より青味が
かっているのが特徴で、マメ本来の特有の香りが高く、濃厚で個性的な食
味が評価されている。従来の在来種は倒れやすかったり、栽培しづらかっ
たが、行田市内の農家では協力して改良することで、拡大を測っている。
晩生種であるので遅まき時期にまく。豆腐、煮豆などにすれば甘みと食感
がよいと好評である。

行田フライ　　揚げていないのにフライ。戦前農家で手軽に作られたフ
ライは、腹持ちがよいこともあって、昭和初期に行田で全
盛期を迎えた足袋工場で働く女工のおやつとなった。また、その名の由来
は「布来」（ふらい）、フライパンで焼くからフライ、富来（富よ来い）にかけたか
らなどといわれている。

　埼玉の粉文化である小麦粉と水を練って、ネギ、豚肉と混ぜて鉄板にた

らし、円形に薄く延ばす。ベーキングパウダーを少し入れて焼くとふっくらと焼けるお好み焼きである。

　ほかにゼリーフライがある。おからをベースに小判型に整えて油で揚げた食べ物。味付けはソースである。明治後期に庶民の間に普及し、形が小判型で銭にそっくりだから、ゼニフライ、ゼリーフライになったのだろうか。熊谷、行田地区の粉文化である。

Column：大麦と小麦

　大麦と小麦の違いは何だろう。粒が大きいものが大麦で、小さいものが小麦なのか。じつは、大麦と小麦はまったく違う植物である。

　大麦も小麦も同じイネ科の植物だが、大麦はオオムギ属の学名オオムギ、小麦はコムギ属の学名コムギで、属名も種名も違う。二条大麦は6列のうち2列（条）に子実がつく。六条大麦は6列（条）のすべてに子実がつく。小麦は3つの子実が交互につく。子実のつき方が違うのである。

Column：埼玉県が生んだ麦翁

　権田愛三は1850年に旧東別府村（現熊谷市）に生まれ、農業の改良に努めた。その中でも麦の栽培方法に関して大きな功績を残し、麦の収量を4〜5倍にも増加させる多収穫栽培方法を開発した。

　その方法は麦の根元をしっかりさせて倒伏せを防止する「土入れ」、麦の茎の枝分かれと根部の伸長を促す「麦踏」、堆肥を使った「土つくり」というものであった。

　野村盛久は1888年、小麦の品種改良に取り組み、1933年に「埼玉27号」を生み出した。その後、「埼玉27号」は品種・収穫量ともに評価され、全国的に普及した。

Ⅲ

営みの文化編

伝統行事

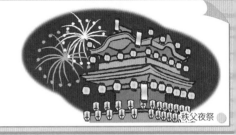

秩父夜祭

地域の特性

　埼玉県は、関東地方中央部にある内陸県である。西部は県域の3分の1を占める秩父山地で、残る3分の2を東部の平野が占める。平野部は、関東ローム層に覆われた丘陵・台地と、利根川・荒川などの流域に広がる低地からなる。気候は、比較的温暖な太平洋式気候である。

　県域の多くは、江戸時代、幕領や譜代の中小大名、旗本の領地となり、新田開発で米の生産が著しく増加した。また、中央部の火山灰台地ではサツマイモの栽培が発達、いまでは「川越イモ」としてよく知られる。また、秩父の絹織物や岩槻・鴻巣の練物製の人形も発達。越谷や浦和などでは、張子工芸「だるま人形」がつくられた。

　埼玉県南部は、東京の通勤圏となって久しく、かつては畑作が盛んであったが、その風景は大きく変わった。行楽地でもある狭山湖は、東京の飲料水源でもある。

行事・祭礼と芸能の特色

　埼玉県南部は、首都圏の拡大とともに変化が大きいが、北部の秩父地方は、まだ伝統的な行事や祭礼を伝えているところが多い。

　三峰山は、山岳修験の行場でもあったが、江戸時代以降は、講社（三峰講）を組んで登拝する人たちが多くなった。とくに、江戸・東京の港湾部に講社が多かったのは、荒川水系を使って木材を運んだからである。

　埼玉県下の代表的な伝統芸能としては、神楽がある。鷲宮と秩父の神楽は国の重要無形民俗文化財に指定されているが、他にも玉敷神社や金鑽神社、三峯神社などでも素朴な神楽が伝わっており、関東の神楽どころといえる。

主な行事・祭礼・芸能

金鑽神社の筒粥神事

金鑽神社（児玉郡）で、正月15日に行なわれる筒粥神事は、その年の穀物の豊凶を占う年占の一種である。

神事の催行人は、1週間前から厳重な物忌を行なう。とくに前日の14日は、潔斎して一室に籠る。そして、15日は午前1時に起床。新たに燧石できりだした忌火で竈に火を焚きつけ、粥を炊く。その材料は、白米3合・小豆5勺・塩小量・水2升。それに編管（青竹の筒に相当するもの）24本が用意される。

午前5時に竈から粥をおろして神前に供え、祭典を執行。その後、粥占を行なう。編管のなかに入った米・小豆の粒の多少によって、その年の五穀の豊凶を判断するのである。その結果は、すぐに印刷して参拝者に分かちあたえる。そして、人々は、それをみてその年の作付けを決める、という。

こうした粥占は、かつては農家ごと銘々に行なっていたが、いまは、神社の神事にとりいれられているところが多い。埼玉県内では、ほかに三峰神社でも同様の筒粥神事が行なわれている。

鷲宮神社の祭礼と神楽

鷲宮神社（久喜市）は、関東最古の大社とされる。また、お酉様の本社ともされる。

鷲宮神社の例祭は、3月28日。そのほかに、歳旦祭（1月1日）、年越祭（2月14日、いわゆる節分にあたる祭典）、春季・秋季崇敬者例祭（4月10日・10月10日）、夏越祭（7月31日）、土師祭（9月第1日曜、奉納されている千貫神輿をかつぎ練り歩く）、大酉祭（12月酉の日）などがある。このうち、春季例祭と土師祭をのぞいて、「鷲宮催馬楽神楽」（正式名称は土師一流催馬楽神楽）が奉納される。「土師」とは、土師の宮＝鷲の宮という転訛説に準じたものとされる。また、「催馬楽」は、平安時代に広く流行した歌謡で、この神楽の各曲ごとにうたわれる。

鷲宮催馬楽神楽は、関東神楽の源流とされる。始行年代は定かではないが、鎌倉時代の古文書である『東鑑』に、建長3（1251）年4月に鷲宮神社で神楽が奉納された、と記されている。ただ、これが現在の鷲宮催馬楽神楽と同一のものかどうかは明らかでない。享保年間（1716〜36年）以

前には36座の曲目があったとされるが、それを時の大宮司であった藤原国久によって現在の12座の曲目に再編成された、と伝わる。

曲目の大半は、記紀（『古事記』と『万葉集』）の神話を題材としたもの。演劇的な要素の強い江戸の里神楽に対し、演劇的な要素は少ない。舞は、2人以上の相舞が多く、古式の儀式や作法をしのばせる格式をもった典雅な舞である。

舞の構成は、「出端」（序の舞）、「舞掛り」（本舞）、「引込み」（終わりの舞）の3部からなる。神楽歌・催馬楽は、「出端」と「舞掛り」の間にうたわれる。

「鷺宮催馬楽神楽」は、昭和51（1976）年、国の重要無形民俗文化財に指定された。

秩父地方の花のまつり

「花御堂」ともいう。秩父市上吉田地区塚越に伝わる子どもたち中心のまつりで、220年の伝統をもつ。お釈迦様の誕生を祝う行事として全国的に行なわれている花まつりのなかでも、子ども連が主催ということで特殊であり、県の無形民俗文化財に指定されている。

お釈迦様の誕生日は4月8日。以前は1カ月遅れの5月8日に子どもたちが小学校へ登校する前の朝6時から行なわれていたが、現在は祝日にあたる5月4日に実施されている。

このまつりで重要な意味をもつのが花である。世話人の人たちや子どもたち自身の手によって何日も前から野山で花が摘み集められ、籠につめて準備される。そして、前日の3日、子どもたちは麓の熊野神社に集まり、中央にお釈迦様の誕生仏を納める花御堂に花や木の芽で飾りつけをしたり、甘茶づくりをする。

まつり当日は、朝7時、花火を合図に、子どもたちは、熊野神社から山腹にある米山薬師堂までの300メートル（標高差50メートル）の参道を花をまきながら花御堂を静かに担ぎあげて進む。それを見守る大人たちは、子どもたちのうしろに続く。米山薬師堂に到着した子どもたちは、花御堂を本堂に安置して拝むと、境内で輪になり、籠の花をめいっぱい空中へとまく。その情景は、幻想的で美しい。

訪れた参拝者は、お堂に安置された花御堂の誕生仏に、子どもたちの用意した甘茶をかけて参拝する。まつりが終わると、子どもたちは、花の敷

きつめられた参道を通って麓へと下りていくのである。

やったり踊

香取神社（春日部市）の例祭に奉納される民俗芸能。現在、例祭は、7月15日に近い土曜日に催行される。夜8時過ぎ、若衆頭、御幣を持つ先導者、笛方、大太鼓、踊り手の順で踊りながら境内に練りこむ。

やったり踊は、念仏踊の一種で、扇子踊と手踊の2種類に分かれる。哀愁をおびた唄と「ヤッタリーナ、ヤッタリーナ」という囃子言葉にあわせて踊るが、若衆の屈伸の激しい躍動的な動作が特徴となっている。

やったり踊の起源は、約350年前の江戸時代にさかのぼる。当時、大畑村（現・春日部市大畑）と隣の備後村との間で、収穫が少なく年貢ばかりが重い荒地をめぐっての争いがおこった。その土地をもつと余計な労役を負うことになるため、互いに押し付けあって、結局は相撲で決着をつけることになった。その結果は、大畑村が勝利。大畑村の人々は、うれしさのあまり「ヤッタリーナ、ヤッタリーナ」と囃したて踊り舞ったのがはじまり、と伝わる。

やったり踊は、昭和52（1977）年に県の無形民俗文化財に指定された。

川越氷川祭

川越氷川神社で10月14日・15日の両日に行なわれてきた例祭（現在は、10月第3日曜日とその前日の土曜日に行なわれる）。一般には、「川越まつり」と呼ばれている。15日は神輿渡御と町内の山車練行があるが、隔年大祭と称し、1年おきにこの行事は行われる。大祭を表祭、神輿・山車をださない年を蔭祭という。

川越氷川祭は、寛永15（1638）年の川越大火によって城下の大半が焼き尽くされた翌年、幕府老中首座の松平信綱が川越藩主となり町の再興がなされるなか、慶安元（1648）年、信綱が2基の神輿・獅子頭・太鼓を寄進。川越総鎮守である氷川神社の祭礼として神輿渡御が行なわれるようになった。やがて、川越商人の町方文化が花開き、元禄11（1698）年には踊り屋台が、天保13（1842）年には商人町と職人町であった城下の十ヶ町に人形山車が登場する。川越は、当時から小江戸と呼ばれていたように、まつりも江戸の神田祭などの天下まつりの影響を強く受けた。江戸・東京のそれは、明治維新後、山車より神輿中心のまつりに変貌していったが、川越氷川祭は、山車の曳き回しを特色とする関東では数少ないまつりのひとつとして今に伝わる。そして、石岡（茨城県）の大祭、佐原（千葉県）

の大祭とともに関東三大祭にも数えられている。

　各町内から出る山車の数は、29台。その構造は、2層の鉾と人形からなる江戸型が発達したもので、豪華絢爛である。各々の意匠をこらした人形を飾りたて、銘々の流派による江戸囃子を奏し、手ぶり足ぶりもおもしろく道化踊を競う。

　山車と山車が道ですれちがうとき、山車と山車を向かい合わせることを「曳っかわせ」という。向かい合う数台の山車が、囃子（笛・太鼓・鉦）と踊りで競い合い、堤灯を高々と振り上げ、歓声をあげる。とくに夜の曳っかわせは、みごたえ十分である。現在では、2日間で80万人を超える人出がある、という。

　なお、川越氷川祭は、「川越氷川祭の山車行事」として、平成17（2005）年に国の重要無形民俗文化財に指定された。また、大正以前に建造された10台の山車（なかには江戸時代末期製作のものもある）は、県の有形民俗文化財に指定されている。さらに、囃子連のなかでも、仲町の山車に乗る中台囃子連、六軒町の山車に乗る今福囃子連は、県の無形民俗文化財に指定されている。

秩父夜祭　　秩父神社の例大祭。12月3日に行なわれ、秩父市の師走名物となっている。このまつりは、寛文年間（1661〜72年）にはすでに存在していたとされ、300年あまりの歴史を誇る。当時は、まつりととも秩父絹の市が立ち、秩父の経済を大いに潤した、ともいう。「お蚕祭り」とも呼ばれていた。

　まつり前日の2日は、鎌倉幕府から地元の豪族中村氏に代拝と神馬奉納を命じた名残、と伝えられる御神馬奉納の儀がある。人々は、その神馬の毛色によって翌年の天候を占う、という。

　3日は朝から各町内の踊り屋台や山車が曳きだされる。昼には町の辻や広場で曳き踊という芸者の踊りがあり、そのあと近郷の役者たちによる屋台芝居が行なわれる。提灯で飾りつけられた笠鉾・屋台が市内を練り歩くが、何といってもみどころは、豪華な彫刻が施され動く陽明門とも形容される山車6基（笠鉾2基と屋台4基）の曳行である。午後7時ごろに、秩父神社から1キロほど離れた御旅所へ神輿渡御が行なわれ、それに山車6基が連なる。山車が、沿道を埋め尽くした人波をかき分けるように進む光景は、蓬莱島を目指す船にもたとえられる。その曳行のための勇壮な屋台囃

子（秩父囃子）、屋台両袖に舞台を特設しての地芝居（秩父歌舞伎）や地元の花柳一門・杵屋一門による曳き踊一式は、秩父神社神楽とともに「秩父祭りの屋台行事と神楽」として、昭和54（1979）年に国の重要無形民俗文化財に指定された。また、それより先の昭和37（1962）年に、笠鉾・屋台は、すでに重要有形民俗文化財に指定されている。国指定の重要有形・無形両民俗文化財に指定されているものは、この秩父夜祭を含めて全国でもわずか5件にすぎない。

なお、秩父夜祭は、京都の祇園祭、飛騨の高山祭と並んで日本三大美祭、および日本三大曳山祭のひとつにも数えられている。

ハレの日の食事

うどんは、来客や行事の際につくられ、食された。秩父夜祭では、地元産の野菜をふんだんに入れた煮込みうどんを食べて体を暖める。

大晦日の晩には、白飯に丸干しサンマ焼きと、「おひら」（平椀にダイコン・ゴボウなどの煮付けを盛ったもの）を食す。また、正月三が日には、朝はうどん、昼は醤油をつけた焼餅、夜は白飯とイワシ、煮しめを食べる習慣がみられる。

初午には、赤飯をつくって供えるのが一般的であるが、本庄市では団子と小豆餡の「ぶっくるみ」を、熊谷市ではいなりずしをつくる。また、与野市では前夜に五目飯と油揚げを供える。

なお、初午の特別な食べものとして「すみつかれ」がある。これは、ダイコンをつきおろし、大豆を炒ったものを混ぜて煮て酢をかけたものである。栃木県の「シモツカレ」と似た料理である。

寺社信仰

氷川神社

寺社信仰の特色

　埼玉県は秩父地方から開けたとされ、国造は武蔵（无邪志）国に先んじて秩父（知々夫）国に任命されている。秩父神社の主祭神・八意思兼命は信濃国（長野県）に降臨し、その子孫が秩父国造になったという。のちに妙見信仰や熊野信仰が高まり、秩父巡礼も創始された。その背後には東接する比企地方の寺谷廃寺や馬騎ノ内廃寺、坂東09慈光寺などを中心とした仏教文化の繁栄があったであろう。なお、秩父三社の三峯神社と宝登山神社はともに御犬様（狼）信仰でも知られている。

　県内で修験道が盛んであったことは、坂東巡礼の札所が4か寺あり、秩父巡礼が創設されたこと以外にも、ともに関東三不動に数えられる飯能市の高山不動（常楽院）や加須市の不動ヶ岡不動（関東36不動30総願寺）で今も火渡り式が伝承されていることからもうかがえる。

　秩父郡に隣接した入間郡の開発も早く、716年には高麗郡が新設されて1,799人の高麗人が移住、高麗王の若光が首長に任ぜられた。王は日高市の聖天院に葬られ、隣の高麗神社で今も子孫に祀られている。

　入間川の流域にある川越市の喜多院（無量寿寺）は、近世に天海が住職になる以前、慈光寺の尊海による再興で13世紀には関東天台宗の本山として栄えていた。近世には江戸城の御殿が移築され、日本三大東照宮の仙波東照宮や、日本三大五百羅漢の石仏群が建立されている。

　武蔵一宮はさいたま市大宮の氷川神社とされる。現在も県内で最も参拝者が多い。入間川や荒川の流域を中心に分布する約280の氷川社の総本社である。

　氷川社の分布と接するようにして東側の元荒川流域には久伊豆神社が分布する。加須市の玉敷神社が総本社とされている。岩槻総鎮守の久伊豆神社や越谷総鎮守の久伊豆神社は、現在はクイズの神様としても信仰されている。

　凡例　　†：国指定の重要無形／有形民俗文化財、‡：登録有形民俗文化財と記録作成等の措置を講ずべき無形の民俗文化財。また巡礼の霊場（札所）となっている場合は算用数字を用いて略記した

主な寺社信仰

秩父神社
（ちちぶ）

秩父市番場町。知知夫国総鎮守。中世以降、秩父15母巣山蔵福寺の管理となり、妙見宮、秩父大宮、武蔵四宮として信仰を集めた。柞乃杜に囲まれた社殿は、武甲山（妙見山／秩父嶽蔵王権現）を遥拝するように建てられており、両者の間には亀の子石（玄武の像か）と御旅所がある。本殿の北側には頭だけ北に振り返った『北辰の梟』の彫刻がある。かつて霜月三日に行われた北辰祭は現在、12月3日の秩父夜祭（例大祭）として〈秩父祭の屋台行事と神楽〉†が絢爛豪華に繰り広げられ、日本三大曳山祭に数えられている。祭に出る〈秩父祭屋台〉†は、隣接する秩父まつり会館で常設展示されている。また、〈秩父神社神楽〉‡は例大祭のほか、4月の御田植祭や、7月の川瀬祭でも奉納される。御田植祭では市内の中町にある今宮神社の例大祭から竜神を迎えている。

高台院
（こうだい）

美里町猪俣。松久山明王寺と号す。本尊は十一面観音。武蔵七党の猪俣党が菩提寺として創建したと伝え、境内には9基の五輪塔が残っている。4代目頭領の猪俣小平六範綱は、保元の乱（1156年）、平治の乱（1160年）、一ノ谷の戦い（1184年）で活躍し、1192年に没した。その亡魂を慰めるために始められたのが、盆行事の〈猪俣の百八燈〉†であるという。この行事は、区内の6～18歳の青少年が、親方・次親方・後見・若衆組・子供組に分かれて、道こさえや塚築きなど一切を取り仕切る。8月15日の夜、範綱の墓前から提灯行列が村はずれの堂前山へと向かい、尾根に築かれた108基の塚に火を灯す。百八灯行事に引き続き、美里夏まつり花火大会が行われ、5,000発の打ち上げ花火が夜空を彩る。猪俣地区の鎮守は二柱神社であるが、これは猪俣氏が崇敬した聖天宮であった。

浄業庵
（じょうごあん）

熊谷市今井。浄古庵とも。本尊は地蔵菩薩。境内には1740年建立の地蔵石仏もあり、台座は熊谷道と深谷道を示す道標となっている。1月と8月には〈今井の廻り地蔵〉がそれぞれ8日間行われる。本尊を厨子に納めて背負い、南無阿弥陀仏と唱えながら列を成し、1日毎に各字を移動して回り、子どもの成長や家内安全・長命息災を祈願する。厨子を安置する各字の御宿では、参拝客に祝い料理を振る舞う。江戸時代後期に信州の僧が地蔵像を背負って訪れたことに始まると伝え、厨子

には1852年の銘が残っている。かつては全戸を回ったという。今井は地蔵信仰が盛んで、村鎮守の赤城神社（別当は本山派修験の今井寺）は本地仏に地蔵像を安置していた。また、天台宗光照寺の本尊は室町時代の地蔵像で、大仏師法橋助教が1691年に村人の依頼で修理したと解明されている。

妙安寺_{みょうあんじ}　東松山市岡。曹洞宗。16世紀に祖真和尚が開山。諏訪山と号す。隣接する諏訪神社は上岡地区の鎮守である。境内にある観音堂は上岡観音と称され、関東地方随一の馬頭観音霊場、関東の三大観音として有名で、源義経とともに鞍馬山で修行した瑞慶和尚が鎌倉時代に創建した福聚庵に始まるという。近くには坂東札所が3か所もあり、鎌倉時代から観音信仰が盛んな地であった。上岡観音は長く馬の守り神として信仰を集め、馬の銅像や千匹馬の大幕が今も残る。2月19日の縁日（恒規大祭）には〈東松山上岡観音の絵馬市の習俗〉‡が現在も営まれ、乗馬や競馬の関係者、運送業者などが大勢参拝する。なお、隣の下岡地区の光福寺には、1306年作の板石塔婆（来迎阿弥陀三尊像）と、1322年作の宝篋印塔（国重文）が現存し、併せて鎌倉時代の信仰を学ぶことができる。

川越氷川神社_{かわごえひかわじんじゃ}　川越市宮下町。古くからの川越総鎮守で、2組の夫婦神を祀ることから縁結びの神としても人気を集める。川越は荒川と入間川が流れる要衝で、古墳時代には既に石剣祭祀が行われ、平安時代には河越能隆が館を、室町時代には太田道灌が城を築いた。江戸時代には酒井忠勝、堀田正盛、松平信綱、柳沢吉保が入封して武蔵国一の大藩となり、城下町として発展し、「小江戸」と称された。10月15日の例大祭に伴って開催される「川越まつり」は、関東三大祭りとして著名で、氏子の各町内から豪華な山車が多数曳き回される〈川越氷川祭の山車行事〉†が、とりわけ多くの人々を惹き付けている。山車同士が擦れ違う際に囃子の競演をする「曳っ交せ」の民俗は、独特の廻り舞台を発展させた。山車や祭の資料は川越まつり会館や川越市立博物館で展示されている。

出雲祝神社_{いづもいわい じんじゃ}　入間市宮寺。字寄木森に鎮座。宮寺郷の総鎮守。寄木明神と崇められた。入間郡毛呂山町の出雲伊波比神社とともに、式内社の出雲伊波比神社にも比定される。立派な社叢に囲まれた境内には、1832年に建立された重闢茶場碑があり、狭山茶業の歩みや茶づくりの教訓を今に伝えている。入間市は狭山茶の生産拠点であり、入間市博物館には〈狭山茶の生産用具〉‡が収蔵・展示されている。狭山茶（河

越茶）の生産は鎌倉時代に始まるとされ、南北朝時代の『異制庭訓往来』では「武蔵河越」を日本有数の茶産地としている。1875年には繁田武平（満義）が海外輸出を開始、その息子の繁田百鑒斎（金六、狭山茶人）は煎茶道の狭山流を興した。以来、静岡茶・宇治茶と並ぶ日本三大茶とされ、茶づくり唄でも「色は静岡、香りは宇治よ、味は狭山で止め刺す」と歌われた。

白鬚神社

鶴ヶ島市脚折町。716年に武蔵国高麗郡を開いた高句麗人が村の鎮守として創建したという。昔は室町時代の十一面観音菩薩立像を本地仏として祀っていたが、今は収蔵庫に安置している。4年に一度の8月に行われる〈脚折の雨乞行事〉‡は、社の横で組み立てた蛇体が2km先の雷電池まで渡御して降雨を祈る祭である。蛇体は長さ36m、重さ3tで、大勢の男衆に担がれる。池では、群馬県邑楽郡板倉町の雷電神社（全国の雷電神社の総本社）からいただいた御神水を注ぎ、蛇体を池の中に入れ、「雨降れタンジャク、此所に掛かれ黒雲」と唱えながら池の中をグルグル回る。かつては干ばつの年のみ行われていたが、1976年からは地域の伝統文化の継承と新旧住民を結ぶため、定期的に実施するようになった。

玉敷神社

加須市騎西。埼玉郡の総鎮守。昔は久伊豆大明神と崇められ、今は大己貴命を祀る。初め正能村にあり、私市党が崇敬したと伝える。1627年頃、根古屋村の騎西城前から、式内社宮目神社の地であった当地へと遷座されたという。元荒川の流域を中心に分布する久伊豆神社の総本社とされる。神苑には百畳敷きの大藤があり、4月下旬〜5月上旬は大勢の人で賑わう。5月4日の御馬潜りには、子どもたちが神馬舎の木馬の腹下を通り抜けて健康を祈願する。2月1日初春祭、5月5日春季大祭、7月15日夏季大祭、12月1日例祭の年4回奉納される〈玉敷神社神楽〉†は、江戸神楽の原型を伝える素朴で典雅な舞である。埼玉県北東部を中心とする170か所以上の地区では、神宝の獅子頭を借り受けて村内を練り歩き、お祓いをして豊作や息災を祈っている。この民俗は御獅子様とよばれている。

釣上神明社

さいたま市岩槻区。地主の屋敷神として勧請され、のちに鈎上村の鎮守となったという。徳川家光が日光参詣の途次に道中安全祈願をした記録もある。10月21日の例大祭に際して奉

納される〈岩槻の古式土俵入り〉†は、幼稚園児から小学校6年生までの男児が土俵入の型を披露する行事で、日輪・鷹・鶴・虎・鯉などの勇壮で縁起の良い柄をあしらった色とりどりの化粧回しを身につけ、年少組・年長組・三役・二人組・四人組の順で土俵入りし、身体健全・子孫繁栄・村民安泰を祈願する。三役土俵入の後、行司は祭文を唱える。1680年代に始まり、真砂子土俵入ともよばれてきた。笹久保の篠岡八幡大神社でも隔年9月に行われ、赤色の化粧回しをつけた年少者の小役、紫色の化粧回しをつけた年長者の手合、白色の化粧回しをつけた最年長者3名の亀能の順で土俵入する。

秀源寺　蓮田市閏戸。曹洞宗。東照山と号す。総持寺3世・太源宗真の開山と伝える。江戸時代に伊奈備前守忠次（1550～1610）の家臣・富田吉右衛門が主人追福のため再建し、秩父郡吉田村の清泉寺6世・長山賢道を中興開山、忠次を中興開基とし、その法名から2字を取って寺号としたという。18世紀初頭に秀源寺の僧が上閏戸の鎮守として愛宕明神を祀り、五能三番の舞を復活したのが〈閏戸の式三番〉‡と伝え、古風の舞の手を遺している。現在は10月の愛宕神社の秋祭に奉納され、千歳・翁・三番叟が次々に舞って今年の豊年を感謝し、来年の豊作を祈念する。東隣の貝塚地区は縄文時代前期（BC4000年頃）に貝塚が営まれた場所で、当時はここまで海がきていた。市内には国史跡の黒浜貝塚もある。

東沼神社　川口市差間。もとは浅間神社と称し、神仏分離以前は真言宗浅間山興照寺（鯖大師）が隣にあった。1907年に大白天社ら7社を合祀して現称とする。7月1日の開山祭には富士塚（見沼富士）で初山を営む。脇を流れる見沼代用水東縁を2kmほど南下すると〈木曽呂の富士塚〉†（木曽呂浅間）がある。場所は用水と通船堀との結節点にあたる。1800年に丸参講の蓮見知重が築いた埼玉県内最古の富士塚である。頂上に火口を設えて御鉢巡りが、中腹には穴を開けて胎内潜りが、それぞれできるようになっていた。御中道（五合目道）と人穴もあった。富士塚は1780年に江戸高田の水稲荷境内につくられたのが日本で最初という。木曽呂の富士塚のすぐ向こう（下山口新田）には1791年に勧請された稲荷社が今も残る。そこは氷川女体神社（三室女体権現）の御船祭御旅所であった。

鷲宮神社
わしのみや

久喜市鷲宮。天穂日命や武夷鳥命を祀り、鷲宮社（御酉様）の総本社と称される。古くは土師宮とよばれたらしく、主祭神の天穂日命は土師部の祖で、近隣の加須市水深や蓮田市荒川附では土師器生産遺跡が発掘されている。関東神楽の源流とされる〈鷲宮催馬楽神楽〉†も、地元では土師一流催馬楽神楽とよばれている。後に太田庄の総鎮守となり鷲宮とよばれた。これは伊予国の三嶋大社の摂社・鷲大明神が遷ったものともいう。1376年に奉納された太刀（国重文）には鷲山大明神とある。1869年に別当の大乗院は廃され、唐招提寺旧蔵の本尊木造釈迦如来像（県文）は売りに出されたが、近所の鷲宮山霊樹寺が30両で買い取って散逸を防いだ。2007年、『らき☆すた』（アニメ版）の舞台モデルとされたことからファンによる聖地巡礼が発生し、賑わいをみせている。

伝統工芸

行田足袋

地域の特性

　埼玉県は関東中央部に位置し、西部は約3分の1の県域を占める秩父多摩甲斐国立公園の山岳地帯、関東ローム層の平野部は畑作地帯の台地で、ソバやコムギの栽培、養蚕が盛んであった。中世には多くの武士団が出現し、執権北条氏の領国となったが、戦国時代の覇権争いに敗れ、徳川家の江戸時代が始まると、幕府直轄の天領のほか、旗本領、忍藩、岩槻藩、川越藩、岡部藩などに分割された。忍、岩槻、川越は武蔵三藩と総称され、後に幕府の中でも重要な役割を担うようになった。

　街道が整備されて、日光街道が県域東部を、中山道が中央を通るようになり、街道沿いに置かれた宿場は人々の往来で賑わいさまざまな産業が生まれた。中山道の脇往還として江戸から川越に至る川越街道では「川越絹平」や「川越唐桟」（木綿）の市が立った。江戸の北の守りとされた川越は「小江戸」と称され、城下町の風情を色濃く残しており、蔵が建ち並ぶ商業地は重要伝統的建造物群保存地区として現在も人気スポットとなっている。徳川家康の庇護を受けた喜多院には数々の寺宝が伝わるが、中でも屏風「職人尽絵」に描かれた桶師・畳師、機織師、絞師など25種の職人の姿は江戸時代の手工業者の萌芽が読み取れる貴重な資料として人気が高い。

伝統工芸の特徴とその由来

　埼玉県の伝統工芸に共通するのは、脇往還も含め、江戸へ直結する街道整備がもたらした地場産業の発達である。かつて全国一の生産量を誇った行田の足袋は、江戸時代中頃、中山道宿場町の需要を見込んで地場の材料を用いて、下級武士や農家の婦女子の副業として細々と生産されていた。行田市一帯は利根川と荒川にはさまれ、河川の氾濫で堆積した礫層土が綿花やアイの栽培に好適なため、藍染めが盛んに行われた。紺足袋が主流で

あったが、江戸末期〜明治時代にかけて、遠州から伝わった蘇芳や弁柄など〔すおう〕〔べんがら〕の赤系統の色足袋、輸入品の更紗を用いた柄足袋、さらに子ども用の足袋へと種類も豊富になり、家内手工業から工場での大量生産へと発展して全国へ販路を広げた。

　日光街道は日光東照宮の造営のため、全国から腕利きの職人が往来したが、街道筋の春日部市には木工職人が定着して桐箪笥や桐箱づくりが盛んになり、隣接する城下町岩槻では桐箪笥生産で生じる桐粉〔きりこ〕を活用して節句人形の頭〔かしら〕づくりが発達し、今日に至っている。加須市〔かぞし〕は手描き鯉のぼりで有名だが、羽生市とともに藍染めの「青縞〔あおしま〕」も、近年見直されている。

知っておきたい主な伝統工芸品

秩父銘仙〔ちちぶめいせん〕（秩父市ほか）

秩父銘仙とは大柄・多色の大胆なデザインと玉虫色の光沢で一世を風靡した平織の絹織物である。特に大正や昭和時代初期にモダンガールと呼ばれた女性たちに好まれ、全国的に流行した。竹久夢二〔たけひさゆめじ〕の美人画は、その銘仙柄を着た女性がモチーフになっている。

　糸に型染をするため、生地に裏表がないように染色された平織の織物。秩父地方は山に囲まれているため土壌が稲作には向かないので、古くから養蚕、絹糸で生計を立てていた。江戸時代初期には、出荷されない繭を集めてつくった「太織〔ふとおり〕」は野良着に利用され緻密で堅牢ということで、庶民ばかりではなく武家にも重宝された。その丈夫さから「鬼秩父」とも呼ばれ、デニム感覚のように江戸っ子が着こなすことで評判を集めていった。

　「太織」は「秩父銘仙」と呼ばれるようになり、明治中期〜昭和時代初期にかけて女性のおしゃれ着として普及した。1908（明治41）年には、「ほぐし捺染」という技法が開発された。

　「ほぐし捺染」とは、仮織りした経（縦）糸〔たていと〕に型染をした後に、仮織りの糸をほぐしながら緯（横）糸〔よこいと〕を織りこむ。細い糸で高密度な平織なため絹独特のシャリ感がある。経糸と緯糸の色の重なりで角度によって玉虫のように色が変わって見え、さらに生地に裏表がないことにより、何度も仕立て直しができるため第二次世界大戦前の庶民の間に広まった。

　戦後はきものの需要が低迷し生産量も減少するが、布団側などの夜具地に展開してきた。最近は、そのデザイン性が再認識され、着尺だけではな

く、洋服地にも利用されるほか、袋物、バッグ、ブックカバー、和装品などで再び注目を浴びている。

春日部桐箪笥（さいたま市、春日部市、越谷市）

春日部桐箪笥の特徴は、質実剛健な関東の武家文化を反映してか、簡素な外観と、直線を基調にしたデザインが多いことである。江戸時代初期、日光東照宮造営のために集められた工匠たちが、日光街道の宿場町である春日部に住みつき、周辺で採れるキリの木を材料として、長持ちなどをつくったのが始まりと伝えられている。

製造工程は大まかに「原木製材」「本体加工」「各部加工」「着色加工」「金具取り付け」に分かれ、桐素材の特性を存分に引き出すため、十分に自然乾燥させた無垢板を用いて、組み接ぎ、あり組み接ぎ、ほぞ接ぎなどの伝統技法を駆使して組み立てる。板材の厚みや仕上げの素材まで細かく定められ、自然素材ならではの質感が高級感を漂わせる。

関東圏という立地もあり、消費者と直に接して、修理、再生を手掛ける機会が多いこともデザインの発達を促した要因かもしれない。古色蒼然とした桐箪笥の金具をはずし、細心の注意を払って鉋で薄く削り上げていく作業は、長年の経験と技術が必須である。桐箪笥の製作にはもともと削り直しを想定した厚みが確保されているともいえるが、再生能力は良質な桐材でないと得られない。新品のように生まれ変わった白木の清浄感は格別で、桐箪笥ならではの魅力であろう。

小川和紙・細川紙（比企郡小川町、秩父郡東秩父村）

小川和紙の特徴は強靭さである。小川和紙の中でも「細川紙」は特にコウゾだけを材料として、伝統的な製法と製紙用具を使用する流し漉きで漉くことと規定されている。小川町では、1200年以上前から紙漉きが行われていたといわれている。その武蔵国紙の名は774（宝亀5）年の正倉院文書「図書寮解」に記載があり、『延喜式』（927（延長5）年）にも紙を貢ずる国44カ国の一つとされていることから、この地域で古くから紙漉きが行われていたことがわかる。

もとは和歌山県伊都郡高野町細川で漉かれていたとされる細川紙が、この地で漉かれるようになったのは、江戸時代、需要の増した細川紙の代替として江戸に近いこの地で同質の紙を漉かせ、細川の紙名をつけたというのが定説である。江戸時代には主に土地台帳、大福帳、蚕種紙などの丈夫

さを求められる用途に使用されていたが、現在は和本用紙、文庫紙のほか、工芸紙、画仙紙、色紙などさまざまな用途にこたえている。

　1978（昭和53）年に重要無形文化財に指定され、さらに2014（平成26）年には石州半紙、本美濃紙とともに、「和紙：日本の手漉和紙技術」として、ユネスコ無形文化遺産に登録された。登録にあたって指摘された課題は、後継者不足と原材料不足、道具不足であるが、後継者確保の取り組みが早々に実施され、数名の研修生が修業中である。3年の期間中に技術を身につけ、小川町で就労することや、コウゾ畑を拡大して安定供給を目指すなど、目下さまざまなプロジェクトが進行中である。

江戸木目込人形 （さいたま市、春日部市、東京都台東区ほか）

　人形は顔がいのちといわれる。岩槻には頭づくりの熟練職人が健在で、桐塑頭に胡粉を塗り重ねた伝統的な顔立ちの人形が多いのが特徴である。

　木目込人形自体は、1740（元文5）年頃、京都の上賀茂神社の祭事用柳筥（奉納箱）をつくった職人が、その残片で木目込人形をつくったのが始まりといわれる。当初は「賀茂人形」とも「賀茂川人形」ともいわれていたが、胴体の木地に筋目をつけ、そこに衣裳地を木目込んでつくられたことから「木目込人形」と呼ばれる。この技法が江戸時代に文化の中心地だった江戸に伝わる。その職人たちが日光東照宮の造営や修築にあたり往復する際、江戸へ10里という地の利に恵まれ宿場町として賑わった岩槻にそのまま足をとどめ、人形つくりを始めたらしい。というのも、岩槻周辺は昔からキリの産地で、箪笥や下駄などの桐細工が盛んだった。そのため人形の頭の材料である桐粉が大量に発生して入手しやすかったし、岩槻台地の鉄分を含んだ水は、胡粉に適していて胡粉を塗る人形の顔の発色がよかったからだった。こうしてつくられたのが桐粉を糊で固めた桐塑人形だった。壊れにくく、量産もできることで急速に発達した。特に、雛祭りなどで子どもの健康、健やかな成長と幸せな一生を願う雛人形、五月人形などを飾る行事として行われるようになり、人形づくりが盛んになった。その後観賞用、贈答品などとして舞踊人形、歌舞伎人形、市松人形などがつくられるようになった。

　人形づくりはすべて手作業で、頭、胴、手足、小道具とそれぞれ分業でつくられ、最後にそれを組み立て完成させる。何百という工程を経て、一

つの人形が出来上がる。

　「江戸木目込人形」として1978（昭和53）年に通商産業（現・経済産業）大臣指定の伝統的工芸品として岩槻が産地指定され、その後、2007（平成19）年、「岩槻人形」も同工芸品の認定を受けた。また岩槻江戸木目込人形技術保存会は技術保持団体として「江戸木目込人形」で埼玉県指定無形文化財の認定を受けている。

　最近は子どもの出生数が減少傾向をたどり「雛祭り」の人形の製造数も落ち込んでいる。その中で、トレイ、絵馬、けん玉、招き猫など、木目込の伝統技術を使った新しい分野に若手職人たちが挑戦している。

岩槻人形（さいたま市、春日部市）

いわつきにんぎょう

　岩槻人形は堂々と大振りで目鼻立ちのはっきりした衣裳着人形である。岩槻人形の生産が始まったのは、雛祭りが庶民の間にも広まり、江戸で考案された華やかで写実的な古今雛の流行が周辺部にも及んだ江戸時代末期とされている。

　雛祭りは、季節の節目に紙や草などで素朴な人形をつくり（「ひとがた」）、我が身の災厄を托して水辺に流すという呪術的な慣習が、女の子の人形遊びと習合し発展したものといわれている。室内に祀られるようになった人形はどんどん華美になり、幕府が贅沢禁止令で取り締まった。たび重なる禁令で、寸法は8寸（約24cm）以下と制限され、小振りになり色も抑えて、目立たぬところに贅を凝らすほかなかった江戸雛と対照的に、岩槻人形は大振りで、衣装も派手、顔立ちもくっきり大柄にして人気を博したといわれている。明治時代初期、農閑期に地雛細工人がつくっていた半農半工の節句人形と、士族が内職的につくっていた人形づくりの技が合流してできたとされる岩槻人形の生産は、大正の大震災、不景気、大戦の統制などを乗り越えてさらに発展を遂げた。

　産地確立の転機が2回あったとされる。最初は関東大震災から疎開してきた東京の人形師たちとの交流により、先進地の洗練された人形づくりを学んで産地全体の技術向上をはかった1923（大正12）年。2回目は東京で舞踊人形が出現した大正末期〜昭和時代初期。従来の人形製作は節句人形中心で閑散期が生じていたが、輸出向けも含めて日本舞踊の人形を手掛け、通年生産となったことで産地基盤が確立したといわれている。

　以来、岩槻は名実ともに人形の町として、「流しびな」「まちかど雛めぐ

り」「人形供養祭」などの恒例行事の開催、「岩槻人形博物館」開設、産学協同による新製品開拓など飽くなき挑戦を続けている。

行田足袋（行田市）

行田市は、かつて全国生産の8割を担っていた足袋づくりの町である。足袋は和装の折に防寒や礼装用として履くほか、祭り装束にもなるが、多くの人にとってもはや必需品とはいいかねるかもしれない。

行田市の足袋の始まりは、享保年間（1716〜36年）と推測されている。武家の妻女の内職から始まり、ワタ栽培が盛んだったこともあって、下級武士や農家の婦女子の副業となり、天保年間（1830〜44年）には27軒の足袋屋が軒を連ねていたとされる。近くに中山道が通り、宿場町が広がっていたことも発展の要因である。

近代に入ると足袋は大衆化されて大きく需要が拡大し、東北地方や北海道にも販路を広げて、日露戦争を機に軍需用の生産も増大した。明治時代後半には、工場での大量生産が可能になり、ミシンの動力化も進み、大正〜昭和時代にかけて全盛期を迎えたといわれている。

残念ながら生活様式の変化に抗うすべなく斜陽産業と化していたが、数年前、思わぬ光明が射した。テレビドラマの放映と開発商品のヒットである。老舗足袋屋の商品開発の奮闘がテーマで、もともと旅行や作業用の足袋が多かった行田足袋の地下足袋を改良した、ランナー用の足袋シューズにさまざまな注目が集まっている。一過性にしないためにも、行田市をあげて、足袋の新しい可能性について発信を続けている。

民　話

地域の特徴

　埼玉県は、関東平野の中西部に位置している。海に面していない内陸県である。地形は、西部の山地、中央部の台地、丘陵部、東部の低地に分けられる。西部の山地地帯では、稲作はほとんどなく、雑穀栽培、養蚕、林業、炭焼きなどが行われていた。中央部の台地は、畑作地帯であり、麦作や蔬菜や芋類などのほか、北部を中心に養蚕が行われ、東部の低地地帯は稲作が中心に行われてきた。

　藩政時代は、幕府直轄地、旗本知行地、大名領に分けられ、大名領も徳川家とゆかりの深い譜代の名家の大名であった。住民は郷代官などによる間接支配の形がほとんどであり、帰属意識は希薄であった。

　藩政時代から、支配層と江戸幕府との結びつきが強く、地理的にも近いことから、江戸の文化的、経済的な強い影響を受けた。また、祖先が出稼ぎに来たまま住み着くなど、越後などとの交流もあった。

　明治になると、鉄道などの交通網の発展により、東京都との結びつきはより強くなり、東京都内への通勤圏として都市化され、他県からの転入者も多くなった。

伝承と特徴

　おもな昔話集として、『川越地方昔話集』『武蔵川越昔話集』と『武蔵の昔話』が挙げられる。

　1927（昭和12）年に柳田國男の命を受けた鈴木棠三が整理した『川越地方昔話集』が刊行された。資料の収集方法は、埼玉県立川越高等女学校が、1936（昭和11）年の冬季休暇の宿題として、生徒に昔話を採集させ、原稿の形で提出させた。鈴木棠三は、限られた紙面に、原稿の提供者全員の名前とその文章の一齣を書中にとどめたいと、梗概の形で工夫して紹介した。その後、1975（昭和50）年に、野村純一が生徒の提出した原稿から、

掲載資料を新たに選び直し、要約しないで掲載する『武蔵川越昔話集』として刊行した。

　1979（昭和54）年には池上真理子により、『武蔵の昔話』が刊行された。埼玉県を西から秩父地方、丘陵部、平野部の3地域に分けて調査し、地域の特徴を解説している。1980（昭和50年代後半）年代から2010年代（平成初め）までは、県内の市町村史が数多く刊行されるなど、昔話や伝説、世間話など口承文芸調査が進展した。

　これらの資料から、昔話伝承の特徴と傾向についてみると、中央部の台地から東部の平野部においては、昔話はあらすじ的で、笑話化の状況である。笑話の中では「団子聟」の話が多く報告されている。秩父地方では、ほかの地域に比べ、伝えられている昔話は量的に多く質的にも整っている。なかでも「雨ふれふれ」との話名で、水乞い鳥の話が数多く報告されている。

　昔話の形式は、平野部では、すでに昭和50年代に残存していない地域もあった。昔話の呼称は、「むかしばなし」「おとしばなし」「おとぎばなし」「ひとくちばなし」「ひと昔話ばなし」、語り始めは、「むかしむかし」「むかしあったとさ」「むかしあるところにさ」「むかしあるところになあ」「むかしおおむかしに」、相槌（あいづち）は、「ふんとこさ」「へんとこさ」、語り収めは、秩父地方では「それぶんぎり」「そんぶんぎりさ」「これぶんぎり」「これぶんぎりだ」「めでたしめでたしこれぶんぎり」と、川越地方では「もうこれっきり」で結んだと報告されている。

　県内の伝説については、韮塚一三郎編著の『埼玉県伝説集成　分類と解説』（上巻自然編、中巻歴史編、下巻信仰編、別巻）が刊行された。これは、県内の伝説を関敬吾の説により分類し、伝説ごとにまとめて掲載している。資料には出典が明記され、類型別と市町村別の索引がある。

　世間話についての資料は昭和50年代後半以降に刊行された市町村史に掲載されるようになった。旧大里町の「たんぎくどん」、日高市の「新井の五郎」などのおどけ者についての報告もある。

おもな民話（昔話）

雨降れ降れ　　『武蔵の昔話』に次のような昔話が収録されている。
　　　　　　　　　親が子に水をくれと言った時に囲炉裏の燃えた木を差し

出した。その罰で子は自分の体が赤くなってしまった。水辺で水を飲もうとすると、自分の赤い体が水に映って火のように見えて飲めないので、空から降ってくる雨を飲む。水が飲みたくて「雨降れ降れ」と鳴く。

秩父地方では、ミヤマショウビン（別名アカショウビン）の話とされ、一番知られている昔話である。柳田國男は「鳥の名と昔話」（『野鳥雑記』所収）の「水こひ鳥」において、アカショウビンの各地域での呼び名や昔話の話型について解説している。

暗闇から牛でござる

絵かきと偽の絵かきが絵の描き比べをする。本物の絵かきが、親が赤ん坊にご飯を食べさせているところを描くと「それは間違っている。親は子供が口を開けたら、自分もアーンと口を開けなければならない」、木挽きが木を引いているところを描くと「木を削ったなら木のくずが出るはずだ」などと難くせをつける。そして、自分の番になると、偽絵かきは黒一色に塗って、「真っ暗闇から黒い牛がでてきたところだ」と言った。

狡猾者が口で巧みにやり返す昔話である。『川越地方昔話集』に収録されている。他県の報告例では、闇夜にカラスを描いていることが多い。「闇から牛を引き出す」「暗がりから牛」のことわざもあり、「闇夜のカラス」と同様に物事が判別しないことの譬えとして用いられている。

麦とそば

『武蔵の昔話』に次のような昔話が収録されている。麦とそばが寒い日に川に行く。麦はそばを騙し、冷たい川の中を渡らせ、又、戻って来させる。そばが麦にも行くように言うと、麦は「この寒いのにそんな馬鹿なことができるか。お前はおれにだまされた」と言って、そばを笑う。神さまがそれを聞き、麦は罰として、冬の寒い時に芽が出て、人に踏まれるようになる。そばはその時の後遺症で足が赤くなった。

この話は、そばの足が赤いことの由来譚の一つで、同様の由来譚に山姥やあまのじゃくの血で赤く染まったという「天道さんの金の鎖」や「瓜子姫」などがある。弘法大師が自分を背負って川を渡してくれと頼んだ時に、麦は寒いからと断り、そばは背負って渡したという「弘法とそば」の類話とされている。

おもな民話（伝説）

西行戻しの橋

『埼玉の伝説』の「西行見返りの桜」に、こんな西行伝説が収録されている（『埼玉県伝説集成　分類と解説』中巻歴史編に再録）。西行が歌修行のため秩父地方へ向かった時、逆川の橋の所で鎌を持った子どもに行き会った。西行が子どもにどこに行くのか尋ねると、「冬崩きの夏枯草を刈りにゆく」と答えた。西行は意味がわからなくて、これから先どんな難問が出されるかもしれないと、橋を渡らずに戻ってしまったという。今もこの橋を「西行戻しの橋」という。西行はこの橋のたもとで女が絹を織っているのを見て、「その絹を売るか」と尋ねると、その女は「ウルカとは、川の瀬にすむ鮎のはらわた」と禅問答のように答えた。西行はいよいよ困って、引き返していった。

西行は、歌人として有名であり、旅僧、宗教歌人としても崇拝される一方、俗僧として揶揄、嘲笑されて伝承されてきた。伝説の世界の西行も地元の子どもや女との問答の意味がわからない不甲斐ない西行として伝えられている。ときがわ町には、渡り職人、修行者が民俗語彙としての「サイギョウ」として、昭和初期まで巡って来ていたという。

悪竜退治と尻あぶり

『新編埼玉県史　別編2　民俗2』にこんな伝説が収録されている。坂上田村麻呂が征夷大将軍として奥州征伐に行くときに村人が悪竜に苦しめられている話を聞き、悪竜を退治することになったが、いくら探しても悪竜は姿を現さなかった。岩殿山の観音様に祈願したところ、夢に僧が現れてお告げがあり、6月1日なのに朝から大雪が降った。急な寒さのため、坂上田村麻呂や兵士のために村人は麦藁を燃やし、饅頭作ってご馳走をした。坂上田村麻呂が山に登り、悪竜を見つけて、退治することができた。その後、この日にちなんで、比企郡から入間郡にかけて、毎年旧6月1日に庭先で藁を燃やして「尻あぶり」をし、小麦のまんじゅうを食べるという行事が行われるようになった。「ケツアブリ」を行うと、できものができない、風邪をひかないなど健康に過ごせると伝えられている。

民俗学者の宮田登は、「悪竜退治は、土着の在地勢力のメタファーである悪竜を、地域社会の王が鎮めなければならないが、異人の霊力により、坂上田村麻呂が退治する」と指摘している。

日高の大男ダイダラ坊

『新編埼玉県史　別編2　民俗2』にこんな伝説が収録されている。むかし、ダイダラボッチャという大男が秩父のほうから、モッコに入れた山を二つ天秤で担いできた。高麗のあたりまで来ると疲れてきたので、山を下におろした。一方の山はそーっとおろしたけれども、もう片方の山はどっかとおろしてしまった。そーっとおろした山が今の日和田山で、あとからおろした山が飯能市にある多峰主山であるという。多峰主山はどっかとおろされたので、日和田山よりだいぶ小さくなっている。それから、ダイダラボッチャは足が汚れていたので、日和田山に腰を掛けて、足を高麗川に投げ出して洗った。そこが高麗の新井というところである。

埼玉県では、ダイダラ坊のほか、ダイダラボッチやダイダロボッチャ、ダイダラボッケなどの呼び名がある。ダイダラ坊の伝説は関東中部をはじめ全国的に分布している。山を運んで来たという伝説の他に、池や窪地を巨人の足跡だとする伝説がある。

おもな民話（世間話）

たんぎくどんの仕事は弁当

『滑川村史』に次のような世間話が収録されている。たんぎくどんは、力持ちで大食いだった。大きな弁当を作ってもらって畑に仕事に行く。おかみさんが弁当を作っているときに「この弁当が仕事をする」と言ったのが聞こえたので、たんぎくどんは、畑に行って、鍬に弁当を縛りつけて、自分は昼寝をしていた。主人がどのくらい畑が終えたか聞くと、たんぎくどんは「おかみさんが弁当が仕事をするというから、弁当に聞いてくれ」と言った。

おどけ者譚で、他の地区のおどけ者と同じ内容の話もある。たんぎくどんは、熊谷市中曽根（旧大里町中曽根）にたんぎくどんの屋敷だったといわれるところがあったとも、旧大里町胄山で番頭をしていた人ともいわれている。大力の作男で、とても仕事のできる人であったけれども、主人に何か言われるとその言葉尻をとらえて揚げ足を取るような話がある。たんぎくどんの話は、旧大里町のほか、滑川町、東松山市、熊谷市から報告されている。

オイヌサマ

妖怪伝承

地域の特徴

　埼玉県の大部分は旧国名の武蔵国にあたる。東部の江戸川に沿った地域の一部は下総国に属する。海に面しておらず、人口が多い。埼玉県の地形は、八王子構造線によって県西部の山岳地域と、県東部の平地地域に分かれる。

　県最西部の秩父地域は関東山地に含まれ、長野県・山梨県との県境には高山が連なる。その中央に位置する秩父盆地を中心に、祭礼や芸能が盛んである。気候は内陸性で夏は暑く、冬は寒く、降雪量も多い。

　所沢市・飯能市を中心とする西部地域、川越市を中心とする川越比企地域、熊谷市・深谷市を中心とする北部地域は、南北に延びる八王子構造線沿いの丘陵・台地に位置する。武蔵野台地上にある西部地域は奥武蔵とも称され、文化的には隣接する東京都の多摩地域とのつながりが強い。川越比企地域は、「小江戸」とも称された城下町・川越を中心に、江戸からの影響を強く受けて発展し、古くからの商家も多い。北部地域は近郊農業が盛んで、食などの生活文化においては群馬県とのつながりが強い。また、全国有数の酷暑地域としても有名である。

　さいたま市・川口市を中心とする県央地域は、関東平野と大宮台地の上に展開する。江戸時代以降、中山道が南北へと整備されて宿場町が形成され、早くから市街地が発展し、近代には真っ先に工業化・都市化した。人口も多く、関東有数の大都市を形成している。

　県北東部の久喜市・加須市を中心とする利根地域と、県南東部の越谷市・草加市を中心とする東部地域は、日光街道に沿って宿場町が発展した地域である。この地域は荒川や利根川、渡良瀬川、思川などの大河川が運んだ土砂でつくられた沖積低地で、何度も大水害に見舞われている。利根地域の行田市にある埼玉古墳群は、畿内にも匹敵する規模の中型～大型古墳から形成され、古代にはこの地域が武蔵国の政治的要衝であったことがうか

がえる。東部地域は徳川氏の入府以来河川改修が繰り返され、治水事業が完成した高度経済成長期以降、宅地化が進行した。

伝承の特徴

埼玉県全般に分布するのが、狐狸の化かし話と、ダイダラボッチ（デイダラボウ、ダイダンボウ）の伝説である。狐狸は汽車に化けたとされる。

関東山地に囲まれた秩父地域は、当然ながら天狗・山姥・山男など、山中の怪異が多く伝承されている。埼玉県における天狗は山の神信仰の守護者としての性格が強く、山中で不敬を働いた者に罰を当てる話が多い。

また、秩父地域から県中部の丘陵・台地地域にかけては、県中部の山犬（狼、オイヌサマ）と、憑き物としての狐（オーサキ、オサキギツネ、オーサキドウカ）の伝承が多く伝わる。奥秩父の三峰山に鎮座する三峰神社はその眷属を山犬とし、授けられるお札は鹿・猪の食害除け、盗人除け、そして狐憑きの病人に効果があるとして崇められた。

丘陵・台地地域から低地地域にかけては、水に関する怪異が多く伝承されている。なかでも河童の伝承は多く、河童の詫び証文や河童が授けたという薬も伝わる。

他に水に関する怪異では、沼や池の主である大蛇・龍の伝説が多い。特にさいたま市・川口市にまたがる「見沼田んぼ」の、主の龍神の伝説は有名である。他にも沢辺で怪音を立てる小豆とぎ婆（小豆婆、小豆とぎ婆さん）も丘陵・台地地域から低地にかけて伝わる。

近世から発展した街道沿いの県央地域や東部地域、城下町の川越周辺には、近世的な幽霊の怪異譚や七不思議など、都市的な怪異が多く伝承されている。また、怪異・妖怪の正体を、事実誤認や人間が仕掛けたいたずらと説明する話も多い。

主な妖怪たち

小豆婆　小豆を研ぐ音を出す怪異。各地に同様の怪異はあるが、埼玉県では多く婆の仕業とする。志木市幸町の地獄谷といわれた森の崖下に出たとされ、通行人を捕まえて淵に叩き込んで水死させたので、観音様を建てて供養したという。近辺の子供は親の言うことを聞かないと「地獄谷の小豆婆が来るぞ」と脅された（『川にまつわる埼玉の伝説』）。

オイヌサマ　山犬・狼のこと。人を襲う存在として恐れられると同時に、害獣である鹿や猪を駆除してくれる山犬（狼）は農民の崇敬を受け、山の神の眷属(けんぞく)・神使と考えられた。送り狼は山道を行く者を家まで守ってくれるといわれた（『奥武蔵の狼さま』）。特に秩父市の三峰神社の眷属の山犬はオイヌサマとよばれ、三峰山のお札は鹿・猪除け、盗人除け、オーサキ憑きや狐憑きを落とす霊験が顕著とされた（『オオカミの護符』）。さらに三峰山からはオイヌサマを直接お借りできるが、実在を疑った村人が三峰山の鳥居で山犬に待ち伏せされて詫びを入れて許してもらった、金持ちの家で金が盗まれたので主人が「オイヌサマなんか役に立たない」と言ったところ、金をくすねていたその家の長男が蔵の横で噛み殺されていたなど、荒々しい神性を備えた存在だとも思われていた。オイヌサマの信仰は東京都の多摩地域にも広まっている。

オーサキ　オサキ・オサキギツネ・オーサキドウカともよばれる憑き物。北関東から多摩地域まで広く伝承され、埼玉県においては秩父山地から丘陵・台地地域を中心に伝わる。ネズミより少し大きいくらいの狐で、特定の家筋が飼育・使役するという。オーサキは主の欲しい物を勝手に人の家から持って来たり、持ち出せないもの（庭木や味噌樽など）を駄目にしたり、人に憑いて精神を錯乱させ、大食いにし、死に至らしめたりする。オーサキの「持ち筋」とされた家は、付き合いや婚姻においていわれのない差別を受けた。

　近世期、為政者はたびたび民を惑わす迷信としてオーサキを否定した。秩父市吉田町の旧家所蔵の古文書に、オーサキは迷信であり以降このようなことを信じないと代官が村人に誓わせた「村受文書」が複数存在する。公式な禁令にもかかわらず、オーサキの伝承は絶えなかったことがうかがえる（『オーサキ狐と古文書』）。那須野ヶ原で退治された九尾の狐の尾先がオーサキに化したという起源伝承や、「ご飯のお鉢やお櫃を叩くとオーサキが寄る」といった俗信が、オーサキにまつわって伝承された（『ヲサキがつくと云ふ事』）。オーサキの伝承は東京都の多摩地域においても共通している。

オブゴ　児玉町（現・本庄市）で報告された怪異。夜道を行くと、赤ん坊の泣き声が聞こえる。怖くなって早足で歩くと、泣き声も早くなってついてくる。亡くなった赤子が憑いているのだという。何かを

渡すか、何もなくとも袂のほこりやポケットのゴミを「これを持ってお帰り」と投げてやれば、泣き声が止むという（『児玉町で聞いた妖怪譚三話』）。

河童

埼玉県の中部から東部は水辺が多く、河童の伝承も色濃い。伊草（現・川島町）のケサ坊、笹井（現・狭山市）のタケ坊、紺屋（もしくは小畔、現・坂戸市）の小次郎、小沼（現・坂戸町）のかじ坊といった名のある河童が活躍していた。タケ坊、ケサ坊、カジ坊は3匹で人間に化けて伊勢参りに行った、お互い文をやり取りして尻子玉を取っていい人間を送り合ったなどといわれている。伊草のケサ坊は人間にちょっかいを出して手を切られ、その手を返してもらう代わりに膏薬のつくり方を教えたという（『坂戸市史』民俗資料編1）。同様の伝承は大宮や熊谷にもある。

狐・狸・ムジナ

埼玉県下全域で狐・狸・ムジナが人を化かし、道に迷わせたり、土産物を取ったり、怪火を灯したりする。東京都と同様、早くから鉄道が敷設された埼玉県でも狐狸は汽車に化けて本物の汽車の運行を妨げた挙句、止まらず突っ込んできた汽車に轢かれて敗死している。草加駅近くには狸の（『草加市史』民俗篇）、蕨市には狐の（『蕨市史』民俗篇）化けた汽車が現れたという話が伝えられている。

明治時代のこと、宮代町の赤松浅間神社の前で、美しい女が急病といって人力車夫の気を惹いた。誘いに乗った車夫は川に落ちて死んでいた。あるとき、怪しんだ車夫が煙草の煙を吹きかけたら女は逃げた。水死した車夫の人力車をよく調べたら、ムジナの毛がついていたという（『怪談』）。

袖ひき小僧

川島町で報告された伝承。夕方、道を歩いていると袖を引かれる。驚いて振り返ると誰もいない。歩き出すとまた袖を引かれる。柳田國男の『妖怪談義』に掲載されたことにより、埼玉県の妖怪として名前があがる機会も多い（『川越地方郷土研究』）。

ダイダラボッチ

デイダ坊、ダイダラ坊、ダイダラボッチャともいう。地形をつくったとされる太古の巨人で、関東〜中部に広く伝承が分布する。巨人が天秤棒とモッコ（縄で編んだ運搬具）で土を運んでいたが、縄が切れて土が地面に落ちた。その土が武甲山と宝登山と箕山になり、天秤棒は尾田藤の長尾根になったという（『秩父街道の伝説と昔話』）。

天狗

埼玉県における天狗の伝承は、山の守護者もしくは山の神そのものという意識が強く、怒らせると人間を神隠しにあわせたり、

天狗笑いや天狗囃子など怪音や、小石をバラバラとぶつける天狗つぶてなどで脅したり、休み木を伐った人間を罰したりする反面、道に迷った者に火を灯して助けたり、儀礼に必要な膳椀を貸してくれたりもする（『高麗丘陵に拾う』『天狗ノート』）。秩父の神庭（かにわ）集落では天狗が火の番をしてくれるので火事がないという。ある年、近隣集落との付き合いで夜番を置いたら天狗が怒って火事になったので、それ以来天狗様に御燈明をあげるだけで火の番はしないという（『奥秩父の伝説と史話』）。また、川には川天狗が出て人を脅すという（『川釣りと妖気』）。川天狗の伝承は関東山地でつながる東京・神奈川・山梨にも分布する。

七不思議

　　川越の喜多院、川越城には七不思議が伝わる。七不思議の例にもれず七つ以上の不思議が伝わる。縁起によると奈良時代の創建という喜多院は、江戸期に天海僧正や徳川家光に庇護された名刹で、明星の杉と池・潮音殿・山内禁鈴・三位稲荷・琵琶橋・底なしの穴・お化け杉の七不思議がある。山内禁鈴は、とある僧が育てた蛇が大蛇となってしまったので「鈴を鳴らすまで出てくるな」と封じたため、鳴らすと大蛇が現れるという。

　川越城の七不思議は初雁の杉・霧吹きの井戸・人見御供・片葉の葦（よ）・遊女川（ながわ）の小石供養・天神洗足の井水・城中蹄の音とされる。霧吹きの井戸は、川越城東北の井戸の蓋を取ると霧が吹き出し、有事の際に城を守るという伝承である（『川越の伝説』）。

沼小僧

　　吉川市の中井沼には沼小僧という大きな河童がいて、甲羅が四斗樽ほどもあったという。いたずらの度が過ぎ、集落の開拓者の家筋である大上家（おおかみ）の当主に伝来の宝剣で退治され、同家によって祀られたという（『吉川市史』民俗篇）。

一つ目のお化け

　　1941（昭和16）年頃のこと、国納（現・宮代村）の華蔵院近くの墓地で騒動が巻き起こった。顔の長さ2尺（約60cm）で身の丈7尺（約210cm）の、赤ん坊の泣き声を出す青い顔の一つ目のお化けが夜な夜な出るといい、東京市内からもお化け見物の客が出張してくるほどの評判となった。あまりの評判に警察が出動し捜査したところ、犯人は村の青年団だった。禁酒運動の一環として酒を飲みに行く／帰る村人を脅かしてやめさせようと、蕗の葉の顔に懐中電灯の目をつけた化け物を、竿で高く掲げて脅したとわかった（『怪談』）。

何らかの目的のために妖怪の出現を演じるのは、他地域でもみられ、大阪で溺死者が多く出た橋の上にお多福のお化けが出ると評判になったのが屋台の店主らの自作自演であった（『大阪妖怪畫談』）など、近代以降の怪異・妖怪譚の典型――結局人間が一番怖い――の早い事例だと指摘できる。

見沼の龍神

見沼は江戸期に干拓された土地である。1727（享保12）年、徳川吉宗の命で干拓工事を始めた井沢弥惣兵衛のもとに見沼の龍神を名乗る女性が訪ねて工事の中止を懇願したが弥惣兵衛は真に受けず、工事を強行した。以後さまざまな怪事も起こり、弥惣兵衛自身も病を受けたが、工事は完成し弥惣兵衛も回復した。

後日談として、龍神は見沼の居住をあきらめて千葉県の印旛沼に移ったとか、馬を連れた農夫が足立の千住近辺で美女に「見沼に行きたいので馬に乗せてほしい」と頼まれて乗せたところ、お礼にと渡された包みの中には龍の鱗があったので印旛沼に移った主が里帰りしたとわかった、などの話が伝わる（『川口市史』民俗篇）。さいたま市にはこの伝承を基としたゆるキャラ「つなが竜ヌゥ」がいる。

六丁目橋の怪音

1939（昭和14）年の夏のこと。草加の六丁目橋を夕暮れに通ると、ウウーッ、ウウーッと唸り声が聞こえると評判になった。最初に聞いたのは商家の丁稚さんたちだったが、多くの人が耳にして評判となり、遠くから見物客も来るようになって、この橋の近くに昔処刑場があったから、その罪人の怨念ではないかなどとりざたされた。しかし東京から来た船頭が、橋の下で食用蛙（牛蛙）を捕まえ、その鳴き声とわかって騒動は収束した（『怪談』）。同様の事例では岡山に伝わる貝吹き坊、東京ではタクシーのクラクションの幽霊の噂などがあり、近代の一時期に食用蛙は各地で妖怪騒動をつくりだしていた。

高校野球

埼玉県高校野球史

　埼玉県で初めて野球部が創部されたのは埼玉県第一尋常中学（現在の浦和高校）と埼玉県第二尋常中学（現在の熊谷高校）で，ともに1895年のことである．続いて1902年に春日部中学（現在の春日部高校），03年に不動岡中学（現在の不動岡高校）でも創部された．

　31年川越中学（現在の川越高校）が選抜大会に出場，以後34年までの4年間，川越中学が県内で無敵を誇った．35年には浦和中学が選抜に出場し，埼玉県初勝利をあげた．

　戦後，51年夏に熊谷高校の服部茂次投手は準決勝の和歌山商業をノーヒットノーランに抑え，埼玉県勢として初めての決勝戦に進出，続いて，68年春には大宮工業が県勢初優勝を達成している．

　75年1県1校となり，前年に続いて上尾高校が夏の甲子園に出場しベスト4まで進んでいる．

　85年選抜に秀明高校が県勢初の私立校として出場，夏には立教高校が県大会を制し，以後県立高校全盛が続いていた埼玉県でも私立高校が代表を独占するようになった．

　そして，翌86年夏には浦和学院高校が甲子園に初出場，91年の選抜では春日部共栄高校が甲子園に出場し，以後両校が県内の2強となった．

　93年は選抜に出場した大宮東高校が2度目の甲子園（選抜は初出場）で準優勝した．同年夏には春日部共栄高校が準優勝と，埼玉県勢が甲子園で連続準優勝を達成した．

　2000年夏には浦和学院高校の坂元弥太郎投手が初戦の八幡商業戦で甲子園史上タイ記録の19奪三振を記録，13年選抜では同校が初めて優勝し，15年選抜ではベスト4に進出した．同年夏からは花咲徳栄高校が5年連続して夏の大会に出場，17年には記録的な猛打で全国制覇するなど，2強時代を迎えている．

上尾高 （上尾市，県立）

春3回・夏4回出場
通算7勝7敗

1958年組合立上尾商業高校として創立．60年県立に移管して上尾高校と改称．創立と同時に創部し，63年春に甲子園初出場．75年夏には準々決勝で東海大相模高に逆転勝ちしてベスト4まで進んだ．

市立浦和高 （さいたま市，市立）

春0回，夏1回出場
通算4勝1敗

1940年創立の浦和市立高等女学校と，43年創立の浦和市立中学校が母体．48年にそれぞれ浦和市立女子高校と浦和市立高校となり，50年両校が統合して共学の浦和市立高校となった．2001年さいたま市の誕生で，さいたま市立浦和高校と改称．

45年に浦和市立中で創部．浦和市立高時代の88年夏に甲子園に初出場，初戦で佐賀商を降すと，常総学院高，宇都宮学園高，宇部商と強豪校を次々と降してベスト4まで進み，甲子園に旋風を巻き起こした．

浦和高 （さいたま市，県立）

春2回・夏0回出場
通算1勝2敗

1895年埼玉県第一尋常中学校として創立．99年埼玉県第一中学，1901年県立浦和中学と改称した．48年の学制改革で県立浦和高校となる．

1895年に県下初の野球部として創部．1935年選抜に初出場，嘉義農林を降して埼玉県勢初勝利をあげた．37年選抜にも出場している．

浦和学院高 （さいたま市，私立）

春10回・夏13回出場
通算32勝22敗，優勝1回

1978年に創立し，同年創部．86年夏に甲子園初出場でベスト4まで進み，以後は全国的な強豪校として活躍．92年選抜では準決勝に進出．2013年選抜では初めて決勝に進み，優勝した．15年選抜でもベスト4．

大宮高 （さいたま市，県立）

春2回・夏5回出場
通算8勝7敗

1942年大宮実科工業学校として創立．43年明道学園工業学校，44年片倉学園工農学校となり，48年の学制改革で片倉学園高校と改称．49年市立に移管し，大宮第一高校と改称．51年大宮女子高校と統合して県立に移管，

大宮高校となる.

51年創部. 57年夏甲子園に初出場すると, いきなりベスト4に進んだ. 60年夏にもベスト8まで進んでいる. 67年夏を最後に出場できていない.

大宮工 (さいたま市, 県立)
春1回・夏1回出場
通算6勝1敗, 優勝1回

1925年大宮工業学校として創立. 38年埼玉県大宮工業学校と改称. 48年の学制改革で大宮工業高校となる. 63年県立に移管.

38年創部. 68年選抜に初出場すると, いきなり優勝. 同年夏にも出場したが, 以後は出場していない.

大宮東高 (さいたま市, 県立)
春1回・夏1回出場
通算4勝2敗, 準優勝1回

1980年県立大宮東高校として創立し, 県内初の体育科が設置された. 翌81年に創部. 90年夏に甲子園初出場, 93年には選抜初出場で準優勝した.

春日部共栄高 (春日部市, 私立)
春3回・夏5回出場
通算10勝8敗, 準優勝1回

1980年に創立し, 同時に創部. 選抜で優勝した高知高校の本多利治を監督に招いて強豪となる. 91年選抜に初出場, 93年夏には準優勝した. 97年選抜でもベスト8に進んでいる. 近年では2019年選抜に出場した.

川越高 (川越市, 県立)
春1回・夏1回出場
通算1勝2敗

1898年埼玉県第三尋常中学校として創立. 99年埼玉県第三中学校を経て, 1901年県立川越中学校と改称. 48年の学制改革で県立川越高校となる.

00年には野球部が存在しており, 16年頃から活動. 31年選抜に出場した. 戦後は, 59年夏に出場, 鎮西高校を降して初戦を突破している.

川越工 (川越市, 県立)
春0回・夏2回出場
通算3勝2敗

1907年埼玉県川越染織学校として創立. 18年県立工業学校, 37年県立川越工業学校と改称し, 48年の学制改革で川越工業高校となった.

46年創部. 69年夏に甲子園に初出場し, 73年夏にはベスト4まで進出.

熊谷高 (熊谷市, 県立)
春0回・夏3回出場
通算4勝3敗, 準優勝1回

1895年埼玉県第二尋常中学校として創立. 99年埼玉県第二中学校, 1901

年県立熊谷中学校と改称．48年の学制改革で熊谷高校となる．

1895年創部で，浦和高校とともに県内最古の歴史を誇る．1949年夏に甲子園初出場，51年夏には準決勝の県和歌山商戦で服部茂次投手がノーヒットノーランを達成して決勝に進み，準優勝した．その後，82年夏にも出場している．

熊谷商 （熊谷市，県立）
春1回・夏5回出場
通算6勝6敗

1920年熊谷商業学校として創立．44年工業科の熊谷工業学校に転換し，戦後，46年に商工併設の熊谷商工学校となる．48年の学制改革で熊谷商工高校と改称．66年熊谷工業高校を分離して熊谷商業高校となった．

46年創部．熊谷商工時代の64年夏甲子園に初出場するとベスト8に進み，以後85年までに春夏合わせて6回出場した．70年夏もベスト8に進出．

埼玉栄高 （さいたま市，私立）
春1回・夏1回出場
通算1勝2敗

1972年埼玉栄高校として創立し，翌年創部．98年夏甲子園に初出場，沖縄水産を降して初戦を突破．2000年選抜にも出場した．

秀明高 （川越市，私立）
春1回・夏1回出場
通算0勝2敗

1979年創立し，81年に創部．85年選抜で埼玉県勢初の私立高校として甲子園に出場．92年夏にも出場している．

聖望学園高 （飯能市，私立）
春1回・夏3回出場
通算6勝4敗，準優勝1回

1923年飯能実業学校として創立．49年学制改革で飯能暁高校となる．51年学校法人聖望学園となり，高等部が設置された．82年創部．99年夏甲子園に初出場すると，2003年夏ベスト8に進出，08年選抜では準優勝した．

所沢商 （所沢市，県立）
春0回・夏3回出場
通算1勝3敗

1969年に創立し，71年に創部．76年夏甲子園に初出場し，78年夏には小城高校を降して初勝利をあげた．83年夏にも出場している．

滑川総合高 （滑川町，県立）
春0回，夏1回出場
通算2勝1敗

1976年県立滑川高校として創立．2005年吉見高校と統合して滑川総合

高校となる.

1981年に創部. 98年夏は4番を打ちリリーフもつとめる異色のキャッチャー久保田智之(のち阪神)を擁して西埼玉大会代表として甲子園に初出場. 初戦の境高戦では, 先発の小柳投手が打ち込まれると, 捕手の久保田がリリーフ, 野茂ばりのトルネード投法から快速球を披露して注目を集めた. 2回戦では富山商を降して3回戦まで進んだ.

花咲徳栄高 (加須市, 私立)
春5回・夏7回出場
通算15勝10敗1分, 優勝1回

1982年に創立し, 同時に創部. 2001年夏甲子園に初出場を果たすと, 以後は常連校として活躍. 特に10年春以降は毎年のように出場, 15年からは夏の大会に5年連続して出場し, 17年夏には6試合で奪った得点が61点, 全試合9点以上という猛打で全国制覇した.

深谷商 (深谷市, 県立)
春1回・夏1回出場
通算1勝2敗

1921年町立深谷商業学校として創立し, 23年県立に移管. 48年の学制改革で県立深谷商業高校となった.

22年創部. 71年選抜で甲子園初出場, 初戦で郡山高校を降して初勝利をあげた. 同年夏にも出場している.

本庄第一高 (本庄市, 私立)
春0回・夏2回出場
通算1勝2敗

1919年塩原裁縫伝習所として創立. 25年塩原裁縫女学校, 31年塩原高等裁縫女学校, 39年本庄高等家政女学校を経て, 54年本庄家政高等学校となり, 57年本庄女子高校と改称. 93年に共学化して本庄第一高校と改称.

94年創部. 2008年夏に甲子園初出場, 開星高を降して初勝利をあげた. 10年夏にも出場している.

立教新座高 (新座市, 私立)
春1回・夏1回出場
通算1勝2敗

東京・築地に創立された立教学校が前身. 1896年立教尋常中学校となり, 99年立教中学校に改称. 1923年池袋に移転. 48年の学制改革で立教高校となる. 60年埼玉県新座に移転. 2000年立教新座高校と改称.

1926年に創部. 立教高時代の55年選抜に東京代表として甲子園に初出場. その後, 85年夏に埼玉代表として出場し, 初戦を突破している.

⑳埼玉県大会結果（平成以降）

		優勝校	スコア	準優勝校	ベスト4		甲子園成績
1989年		川越商	2－0	大宮南高	川口工	所沢商	初戦敗退
1990年		大宮東高	12－2	浦和学院高	秀明高	上尾高	初戦敗退
1991年		春日部共栄高	4－2	聖望学園高	松山高	大宮高	初戦敗退
1992年		秀明高	7－4	伊奈学園総合高	大宮南高	大宮東高	初戦敗退
1993年		春日部共栄高	5－2	浦和学院高	春日部工	大宮東高	準優勝
1994年		浦和学院高	7－0	春日部共栄高	南稜高	東京農大三高	2回戦
1995年		越谷西高	1－0	大宮東高	埼工大深谷高	鷲宮高	2回戦
1996年		浦和学院高	6－2	大宮東高	川口工	聖望学園高	初戦敗退
1997年		春日部共栄高	1－0	市立川口高	上尾高	春日部工	3回戦
1998年	東	埼玉栄高	4－1	浦和学院高	大宮東高	越谷西高	2回戦
	西	滑川高	1－0	川越商	聖望学園高	川越東高	3回戦
1999年		聖望学園高	6－2	浦和学院高	埼玉栄高	東京農大三高	初戦敗退
2000年		浦和学院高	2－1	春日部共栄高	花咲徳栄高	埼工大深谷高	2回戦
2001年		花咲徳栄高	1－0	春日部東高	春日部共栄高	越谷西高	2回戦
2002年		浦和学院高	6－1	坂戸西高	春日部共栄高	滑川高	2回戦
2003年		聖望学園高	3－0	春日部共栄高	浦和学院高	越谷西高	ベスト8
2004年		浦和学院高	6－2	所沢商	聖望学園高	埼玉栄高	2回戦
2005年		春日部共栄高	5－4	埼玉栄高	花咲徳栄高	浦和学院高	初戦敗退
2006年		浦和学院高	4－0	鷲宮高	本庄第一高	聖望学園高	初戦敗退
2007年		浦和学院高	6－2	本庄第一高	富士見高	花咲徳栄高	初戦敗退
2008年	北	本庄第一高	4－3	上尾高	熊谷商	春日部高	2回戦
	南	浦和学院高	4－1	立教新座高	浦和実	武蔵越生高	初戦敗退
2009年		聖望学園高	3－2	埼玉栄高	春日部共栄高	川口青陵高	初戦敗退
2010年		本庄第一高	3－2	花咲徳栄高	浦和学院高	川越東高	初戦敗退
2011年		花咲徳栄高	2－1	春日部共栄高	浦和学院高	本庄第一高	初戦敗退
2012年		浦和学院高	4－0	聖望学園高	川口高	春日部共栄高	3回戦
2013年		浦和学院高	16－1	川越東高	聖望学園高	市立川口高	初戦敗退
2014年		春日部共栄高	7－2	市立川越高	大宮東高	正智深谷高	2回戦
2015年		花咲徳栄高	5－2	白岡高	松山高	浦和学院高	ベスト8
2016年		花咲徳栄高	6－0	聖望学園高	春日部共栄高	大宮東高	3回戦
2017年		花咲徳栄高	5－2	浦和学院高	山村学園高	春日部共栄高	優勝
2018年	北	花咲徳栄高	4－1	上尾高	滑川総合高	昌平高	2回戦
	南	浦和学院高	17－5	県立川口高	聖望学園高	川越東高	ベスト8
2019年		花咲徳栄高	11－2	山村学園高	春日部共栄高	大宮東高	初戦敗退
2020年		狭山ヶ丘高	5－2	昌平高	正智深谷高	浦和学院高	（中止）

注）2020年は7イニング制

138

やきもの

飯能焼（火入）

地域の歴史的な背景

　埼玉県下では、古くから土器や須恵器、瓦などが焼かれていた。そのことは、土器での四十坂遺跡、土師器、須恵器での新久遺跡などでの発掘により明らかになっている。

　だが、中世以降に陶器を焼いたと思われる窯跡は発見されていない。

　その主な理由は粘土にある。埼玉県下で採れる粘土は、焼成温度の低い土器や須恵器には使用できても、高い焼成温度を要する陶器には不向きだったからであろう。

　しかし、幕末から明治にかけて、新たな試みをもって飯能焼をはじめとするいくつかの窯が急速に開かれてもいった。

主なやきもの

飯能焼

　飯能焼は、埼玉県を代表するやきものである。

　天保年間（1830～44年）に、八幡町（現・飯能市）で双木清吉なる人物が信楽の陶工を招いて開窯した、と伝わる。以来、明治20（1887）年に廃窯となるまで、日常雑器を中心に焼かれた。

　当初は、近くの愛宕山で採れる土を用いて楽焼をつくり、江戸に運んで絵付を施した上で販売していた、という。だが、その製品は薄手でいかにももろく、あまり評判が良くなかった。そこで、天保11（1840）年に、清吉の息子の新平が改良を図り、嘉永年間（1848～54年）には赤根峠の陶土を調合して用いるようになった。それによって焼きが硬くなり、評判も高まった。最盛期には、7連房の登り窯やロクロ（轆轤）場、絵付場、

素焼置き場なども整い、15人ほどの陶工が働いていた、という。その販路も、入間・狭山地方から川越や八王子などの近郊だけでなく、江戸にも広がっていた。

製品は、ロクロ挽きの陶器が中心で、徳利や壺、皿、碗、したじ（醤油）指など、小型の日常雑器が多かった。その特徴は、イッチンによる草花文などの絵付である。イッチンとは、泥漿（細かい粒子が液体中に分散している濃厚な懸濁液）で堆白線（連続する突線）を描く装飾技法で、特に京都から来た絵付師越塚小四郎は、梅や松、瓢箪、稲穂などの文様を描く名工であった、という。

飯能焼は、開窯から明治10（1877）年頃までの前期と、その後廃窯までの後期では、製品にやや違いがみられる。前期は赤褐色か鼠色の胎土に暗黄緑の木灰釉を掛けた薄手の半磁器が中心であったが、後期は胎土が白黄色で釉調は淡黄透明、それにコバルト釉で絵付した磁器もつくられている。後期の製品は新しい技術の導入で製品の均一性が保たれるようになったが、その反面おもむきがなくなった、といわれる。そして、有田（佐賀県）や瀬戸（愛知県）などで大量生産された堅牢で安価な磁器に押されて、廃窯に追いやられたのである。

現在の飯能焼は、昭和50（1975）年、虎沢英雄によって再興されたものである。現在は、20軒余りの窯元が操業、それぞれの作風をうちだしている。

白子焼・山王焼

白子焼は、飯能市白子で焼かれた陶器である。

飯能焼の陶工双木忠兵衛が、明治8（1875）年から4年ほど当地に寄留して焼いた、と伝わるが、定かではない。小型の単基窯が発掘調査で発見され、そこから鉄釉や灰釉などを施した陶片が採集されている。白子焼の特徴は、厚手の胎土に飴釉がたっぷり掛けられていること。製品は、甕や擂鉢、火鉢、徳利などの日常雑器が中心であった。

山王焼は、東松山市日吉町で焼かれた陶器である。松山焼ともいう。

安政6（1859）年に、横田彦兵衛が信楽焼の技術を導入して焼いた、と

いわれる。製品は土瓶や鉢、甕、壺などの日常雑器が中心で、灰釉、飴釉、柿釉などを使い、色絵付もみられる。古い窯跡からは、飯能焼と同じ釉薬で絵付を施した陶片も出土しており、技術の交流がなされたことがうかがえる。なお、現在も、子孫によりその系譜が受け継がれている。

大沼焼

　深谷市の大沼焼は、素焼が中心である。

　大沼焼は、幕末に田島庄左衛門が江戸の今戸焼の陶工を呼んで開窯した、と伝わる。製品は、素焼の土管や植木鉢、焙烙、火消壺、養蚕用火鉢など。胴部には型押しによる細密な文様が施され、丁寧に磨きが掛けられている。特に、養蚕用火鉢は養蚕の盛んな当地方には欠かせないものであった。

　現在も、屋根瓦や土管などが焼き続けられている。

　なお、埼玉県では、他にも秩父や児玉、熊谷地方などに窯が築かれたが、いずれも長続きはしなかった。

Topics ● 幻の熊井焼

　熊井焼は、天明5(1785)年、根岸千之助なる人物が淡路国の医師・沢玄堂から楽焼の技術を学び、現在の鳩山町熊井に開窯した。最盛期には3基の登り窯が築かれ、かなりの生産量があったといわれる。

　出土した陶片を見ると、徳利や土瓶、灯火器・壺・花瓶などの日用雑器が中心だったようである。ただ、中には、三島手風の象嵌を施したものや松笠や松葉を貼り付けた貼花文風のものもみられる。

　窯跡から飯能焼と同様の釉薬や絵付が施された陶片が出土しており、飯能焼の窯との交流が推測される。

　なお、熊井焼は明治期には土管や瓦生産に移行し、大正の初め頃まで操業した。

IV

風景の文化編

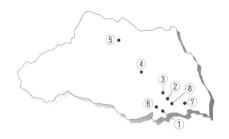

地名由来

「さいたま市」の功罪

　平成の大合併によって、これまであった浦和市・大宮市・与野市の合併で「さいたま市」が誕生したのは平成13年（2001）のことである。さらに、平成17年（2005）に岩槻市を合併して、今日に至っている。平成26年（2014）段階で、人口125万の全国9番目の大都市の誕生である。

　平成の大合併がすべて悪いというのではない。それなりに結果として良かった面があることは否定しない。埼玉県の皆さんに、「さいたま市」という名前もそれなりに定着してきてますね、とお世辞半分に言うと、「そうですね。他の県では県名と県庁所在地名が同じところが多いので、埼玉県も『さいたま市』は違和感がありません」と言う人が多い。今までは県庁所在地が「浦和市」で、どうして浦和が県庁所在地なの？　と思う人も多かった。一応その壁は乗り越えたように見える。

　行田市に大字として「埼玉」という地名がある。ここが「埼玉」の地名発祥の地とされている。ここには全国に名を轟かせた埼玉古墳群がある。戦前から注目されてきたが、昭和53年（1978）に古墳群の1つ稲荷山古墳から5世紀のものと思われる「金錯銘鉄剣」（国宝）が発見され、全国的に注目を集めた。

　埼玉古墳群の一角に「前玉神社」があり、この「前玉」が「埼玉」のルーツだと言われている。神社では「前」は「幸」、「玉」は「魂」の意味であるとし、「幸魂神社」としている。確かに東京の府中市にある「大国魂神社」は「おおくにたま」であり、「玉」は「魂」に通じるものがある。しかし、一方で「前」はあくまでも先端の意味で、「多摩の先」という解釈もできる。古来、この地は「埼玉郡」として知られていたところで、この地名にちなんで「さいたま市」としたことはそれなりに評価できるものがある。

　逆に「罪」のほうに目を転じれば、「浦和」「大宮」「与野」「岩槻」とい

った由緒ある地名が地図上から消えてしまったことはかえすがえす残念であると言わなければならない。「浦和」「大宮」は中山道の宿場として栄え、とくに「大宮」は武蔵国一宮と知られる氷川神社にちなんだ由緒あるもの。それが駅名でしか確認できないのは悲しい。「浦和」は縄文時代にはこの辺まで海が来ていたことを明かす重要な地名、また岩槻は日光御成街道の宿場として栄えた「ひな人形」の町として知られてきた。いずれも今はさいたま市の「区」にはなっているが、外部から見ると、このような由緒ある地名が消えてしまったことになる。これは平成の大合併の罪である。

とっておきの地名

①朝霞（あさか）　　市の中心部はかつての川越街道の宿場町で、「膝折村（ひざおり）」と呼ばれていた。昔、ここを通りかかった武士がこの附近で足を骨折したと伝えるが、旅人の苦労を意味したものであろう。

　昭和7年（1932）、当時東京府荏原郡駒沢町にあった東京ゴルフ倶楽部が当地に移転し、それに合わせるように、町制が敷かれた。ゴルフ倶楽部の名誉総裁であり皇族でもあった朝香宮鳩彦王（あさかのみややすひこおう）にちなんで「朝霞町（まち）」と命名した。さすがに「朝香」という宮号はそのまま使うことはできず、「朝霞」としたということである。皇族の名前にちなんで命名された地名は珍しい。昭和42年（1967）「朝霞市」となった。

②浦和（うらわ）　　「浦」というのは海の入り江を指す地名で、海のない埼玉県になぜ「浦和」という地名があるのか？　これは一見不思議に思えるが、答えは意外に単純だ。今から数千年前の縄文時代には「縄文海進」という現象が生まれていた。今の海岸線よりもずっと海は深く内陸に入り込んでおり、現在の標高10メートル近くまで海だったと考えられている。それを理解すると、この地に「浦和」という地名ができたことが理解できる。それほど古い地名だったということになる。

　この説とは別に、日光御成街道が主要な街道で、浦和はその裏道に当たる中山道に面する「裏の集落」だったので「浦和」と呼ばれたというものもあるが、たぶんこれは当たっていない。

③**大宮** 「大宮」とは全国各地に見られる地名だが、いずれも「宮」
に対する敬称である。中でも埼玉県大宮市（今はさいたま市大
宮区）は全国切っての有名な地名で、ここに鎮座する氷川神社に由来する。
「大宮」という地名は南北朝期からの地名であるが、氷川神社は古来武蔵
国の一宮として「大いなる宮居」として「大宮」と称されてきた。
　現在のご祭神は以下の三柱である。
　　須佐之男命
　　稲田姫命
　　大己貴命
いずれも出雲系の神々である。景行天皇の御代に、出雲の氏族が須佐之
男命を奉じてこの地に移住したと考えられており、出雲系の人々によって
この一帯が開拓されたものと見られる。

④**川越** 古くは「河越」「河肥」とも書かれたが、現在は「川越」で
統一されている。吉田東伍の『大日本地名辞書』では「河越」
をトップに挙げ、「川越」ともある。由来としては入間川を越えていくと
ころから「川越」となったとされるが、「越」は「渡し」の意味もあった
とも言われる。一方では、入間川の氾濫によって土地が肥えたことによる
との説もあるが、これは「河肥」という漢字にひっかけて解釈した説と言
ってよいだろう。古くから城下町として栄え、小江戸として今も多くの人々
に親しまれている。

⑤**熊谷** 熊谷駅前に熊谷直実の勇壮な像が建てられている。幼少から
弓の達人として知られ、後に坂東一の武将として名を馳せた。
熊退治として伝承に残るのは、この直実の父熊谷直貞であったという。直
貞が熊退治をした事蹟が刻まれているのは、宮町一丁目の住宅地の一角に
ある「熊野社跡碑」である。伝承なので真偽は定かではないが、当時この
地に熊が出没したという事実はあったであろうことは十分推測できる。も
ともと「熊野」は神武東征時に熊を退治したことに由来するという説もあ
り、この熊谷も熊退治に由来するとも考えられる。この地に勢力を張った
熊谷氏にちなんだ地名であることは明らかである。一ノ谷で幼い平敦盛を
討ち取ったことで戦いの非情と無常を悟った直実は出家し、「熊谷寺」を

開いたことはよく知られている。

　地名学的には、「くま」は「隈」あるいは「曲」と表記することが多い。「隈」は奥まった暗いところという意味だし、「曲」は川の「曲流」している部分を指すことが多い。近くを流れる荒川にちなんで「熊谷」となった可能性も否定できない。

⑥志木（しき）
　東武東上線沿いにある小都市だが、ここには古代新羅の歴史が隠されている。この地は古代の「新座郡（にいくらのこおり）」の「志木郷」に当たっている。6～7世紀の頃、武蔵国一帯にも、高句麗・新羅・百済の渡来人が多数移住したが、『志木史　通史編上』によれば、「七～八世紀における新羅からの渡来人の武蔵国移住は、持統元年（687）22人、持統4年（690）12人、天平宝字2年（758）131人、貞観12年（870）5人で、天平宝字2年（758）の移住に際しては武蔵国の『新羅郡』が建郡された」とある。この「新羅郡」は後に「新座郡」と改称される。

　古代の地名が表に出たのは、明治7年（1874）に「引又宿（ひきまた）」と「館本村」とが合併することになった時、両者譲らず、結局「新座郡志木郷」から地名を採用して「志木宿」と改称したことがきっかけであった。「志木」のルーツは古代「新羅」にあったことは長く記憶に残したい。

⑦鳩ヶ谷（はとがや）
　平成23年（2011）、川口市との合併で市名はなくなってしまったが、美しい名前の市であった。武蔵国足立郡（あだちのこおり）の内で、『和名抄』では「発度（はっと）」と記されている。この「発度」が「鳩」に転訛したことは疑いないところである。ではその「ハット」が何であったかだが、間違いなく「ホト」に由来すると考えてよい。地形の奥まったところを指す地名だが、もとの意味は女陰である。同種の地名は神奈川県の「保土ケ谷」、岐阜県白川郷「鳩ヶ谷」などに見られる。大宮台地に荒川低地の谷地が食いこんでいる地形から生まれたものだが、それを「鳩ヶ谷」という美しい地名に転訛させるあたりに古人の知恵を伺うことができる。

⑧蕨（わらび）
　人口7万人余りの小都市だが、由緒ある地名を残したことでも知られる。全国の市の中でも面積が最も狭く、人口密度は一番高い。そして日本の市町村を50音順に並べると最後になるという都市で

ある。江戸時代の初期にすでに中山道の宿場として栄え、明治22年（1889）に蕨宿と塚越村が合併して「蕨町」が誕生し、昭和34年（1959）に「蕨市」となった。

「蕨」の由来については、僧慈鎮の「武蔵野の草葉にまさるさわらびの塵かとぞみる」の歌によるという説もあるが、はたしていかがか。『角川日本大地名辞典 埼玉県』では「沖積低湿地帯で焚物の樹木不足のために、藁で煮炊きや暖をとったことによる」としている。たぶん、このへんが落とし処であろう。源義経が立ち昇る煙を見て「藁火村」と名づけたとか、在原業平が藁を焚いてもてなしを受けたことから「藁火」と名づけられたとかいう説があるが、これらはいずれかの時期に誰かが創作したものと考えたい。

平成の大合併で川口市・鳩ヶ谷市・蕨市の合併案があったが、新市名として「武南市」（武蔵国の南という意味）が合併協議会で可決されるに及び、川口市民が反発し合併構想は消えた。そのことによって由緒ある「蕨市」は存続することになった。

難読地名の由来

a.「道祖土」（さいたま市）**b.**「仏子」（入間市）**c.**「美女木」（戸田市）**d.**「脚折」（鶴ヶ島市）**e.**「十二月田」（川口市）**f.**「男衾」（大里郡寄居町）**g.**「越生」（入間郡越生町）**h.**「如意」（入間郡越生町）**i.**「勅使河原」（児玉郡上里町）**j.**「父不見山」（群馬県との県境）

【正解】
a.「さいど」（塞の神［道祖神］に由来する）**b.**「ぶし」（東日本に多く見られる地名で、小平地域を指すが、トリカブトの塊根を意味する「ぶし」（付子・附子）に由来するという説もある）**c.**「びじょぎ」（京都から美麗の官女数人がこの地に来たことに由来すると『新編武蔵国風土記稿』にある）**d.**「すねおり」（「膝折」「肘折」も同系の地名で、坂を下りることにちなむと考えられる）**e.**「しわすだ」（12月にキツネが田植えのまね事をしていたとの伝承がある。一種の豊作信仰と思われる）**f.**「おぶすま」（鎌倉後期、武蔵国に男衾三郎・吉見二郎という兄弟を主人公にした絵巻物語による）**g.**「おごせ」（尾根や峠を越えていくことから「尾根越せ」が転訛したも

のとみられる）**h.**「ねおい」（ご当地にある如意輪観音像に由来する）**i.**「て
しがわら」（勅使河原という姓の発祥地。河川の開発に勅使が送られたと
もいうが、不明）**j.**「ててみずやま」（平将門が亡くなった時、その子が「も
う父を見ることができない」と嘆いたという伝承がある）

商店街

クレアモール（川越市）

埼玉県の商店街の概観

　埼玉県の商店街は、戦後大きな変化を遂げた。この変化には、人口増加やモータリゼーションの進行、県民の所得増加など様々な背景がある。ここでは、埼玉県の商業を取り巻く状況の変化を確認しながら、埼玉県の商店街の戦後の動きを整理していく。

　1960年代の経済成長期に、首都圏への人口集中が進み、埼玉県の人口も1960年の約243万人から1970年には約386万人まで急激に増加していた。加えて、県民所得が上昇し、県民の消費力が強くなった。これらを背景に、県内各地で商店、特に小売店が私鉄沿線を中心に増加していった。

　この時期には、百貨店がそれぞれの中心地に開店し、また、大型商業施設やスーパーマーケットも相次いで出店し、それまで全国で最も百貨店が少ない県と言われた埼玉県の様相は一変した。こうした大型商業施設は、主に県外から進出してきたもので、県南を中心に出店していた。県内の宅地開発の進展とそれに伴う人口増加を背景とした大型商業施設とスーパーマーケットの増加は、県内の商業を大きく変化させた。特に、地域に根ざした商店街が、最も大きな影響を受けていた。大型商業施設やスーパーマーケットが増加し始めた頃は、県南地域の商店街では、大型店出店により客足が伸び、かえって売上げが増加し、既存商店街と新規の大型店とが共存していた。一方、県北地域の商店街では、売上げが約3割減少した。このように、大型店進出の影響は、県内でも地域差があった。しかし、大型店が増加を続けていくと、やがて県内全域の商店街の売上げが減少し、共存の時代は終わりを迎えた。

　1960年代以降の県内各商店街を変化させた背景として、県南部を中心とした私鉄網の存在を挙げることができる。西武池袋線は、前身の武蔵野鉄道武蔵野線開業時（1915年）に池袋から飯能市まで路線が伸びていた。

　【注】この項目の内容は出典刊行時（2019年）のものです

その後、徐々に延伸を続け、1929年吾野駅開業をもって全線開通した。その後、1969年に西武秩父線が開通し、西武池袋線と直通運転を開始した。また、東武東上線や東武伊勢崎線も戦前に全線開通している。このように埼玉県は在京私鉄の路線網が広がっており、1960年代の人口増加期に県民の購買行動に大きな影響を与えた。多くの県民は私鉄などを利用して東京に買い物に行くため、埼玉県の多くの商店街は、東京との競争を強いられている。

　加えて、モータリゼーションの進展も商店街の変化の背景となっている。モータリゼーションの進展で、より大きな影響を受けたのは、旧街道筋に立地していた商店街であった。自動車で買い物に行くことが生活の一部として定着したため、旧街道沿いにあった既存の商店街が衰退し、なかには、鉄道駅やバスターミナル周辺に移転する商店もあった。鉄道駅などの周辺は、通勤客や通学客の往来が多く、大型店の出店による相乗効果を見込むこともできた。こうした経緯で、旧街道沿いから鉄道駅周辺に都市の商業中心地が移動するケースは県内各地で見られる。例えば、蕨市、与野市、上尾市、川越市、所沢市、飯能市などがそうである。しかし、こうした都市でも、駅前商店街は、大型店との厳しい競争に巻き込まれ、経営が困難となることが多くなってしまった。

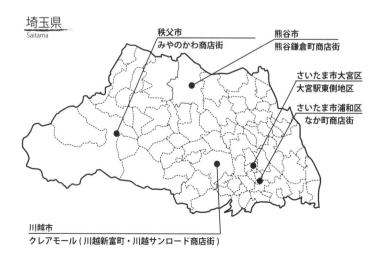

埼玉県
Saitama

秩父市
みやのかわ商店街

熊谷市
熊谷鎌倉町商店街

さいたま市大宮区
大宮駅東側地区

さいたま市浦和区
なか町商店街

川越市
クレアモール（川越新富町・川越サンロード商店街）

大宮駅東側地区（さいたま市大宮区）

―県下最大の商店街密集地帯―

　さいたま市の中心部 JR 大宮駅の東に立地する一番街商店街には多くの飲食店や雑貨店が並んでいる。JR 大宮駅から北に約300ｍ伸びる大宮銀座通り商店街では、フリーマーケットやアコースティックライブ、ハロウィンフェスティバルなどのイベントが開催され、若者を中心とした集客に力を入れている。一方で、比較的年齢層が高い客層を集めている個人経営の商店もあり、地域に密着しながら経営を続けている。JR 大宮駅東側の地区には、この2つの商店街のほかにも、すずらん通りやさくら横丁などの商店街が立地しており、多くの買い物客で賑わいを見せている。1960年代後半に、駅東側地区には、長崎屋（1968年）、西武百貨店（1969年）、高島屋（1970年）などの百貨店が次々と進出した。百貨店の進出による周辺商店街への影響も危惧されたが、逆に、百貨店を利用する買い物客がこの地区に集まり、周辺商店街を利用する買い物客も増加し、地区全体が活況を呈した。

　しかし、この活況も長くは続かなかった。大宮駅西側地区の再開発が始まったのである。それまで東側地区に比べ商業施設が乏しかった西側地区では、1968年より「大宮駅西口土地区画整理事業」が開始され、本格的な再開発が始まった。さらに、1982年には東北新幹線開業に伴い新幹線駅が開業し、そごう大宮店（1987年）、大宮商工会跡地に大宮ソニックシティ（1988年）が開業すると、大宮駅西側の商店街も活況を呈し、東側地区は凋落に転じた。

　大宮駅東側地区の凋落は、1990年代に入っても続き、各商店の経営者の高齢化と後継者不足によって廃業が相次ぎ、長引く不況の影響もあり、長崎屋などの百貨店も閉

すずらん通り：JR 大宮駅東口に立地する商店街。大宮アルディージャのチームカラーであるオレンジ一色に染まっている。

店に追い込まれた。こうした苦しい経営状況を乗り切るために、各経営者は様々な工夫を凝らして、客足を取り戻そうとしている。

なか町商店街（さいたま市浦和区）

—地元に愛される買い物どころ—

さいたま市浦和地区は、2001年に大宮市、与野市と合併し、さいたま市が誕生するまでの浦和市で、埼玉県の県庁所在地として栄え、県内最大規模の都市であった。旧浦和市の玄関であったJR浦和駅西口から約250m続くなか町商店街には、約70の店舗が立地している。1981年に再開発が完了し、伊勢丹浦和店やイトーヨーカドー浦和店などはこの年に開店した。百貨店などの大型商業施設と個人経営店が共存し、多くの買い物客を集めている。商店街のなかには、大手チェーンの飲食店やカラオケ店のほか、多くの個人経営店も立地しており、空き店舗も少なく活気ある商店街である。

JR浦和駅西口には、埼玉県庁やさいたま地方裁判所などの行政・司法機関が立地している。加えて、江戸時代には、中山道の宿場町として栄えた歴史を持っており、今でも老舗の菓子店などが残っている。

一方、JR浦和駅東口の再開発事業も進められ、浦和パルコ（2007年）などの大型商業施設やさいたま市立中央図書館などの公共施設が入居する複合ビルが開業し、JR浦和駅周辺一帯が賑わいを見せるようになった。

なか町商店街：JR浦和駅西口に立地する商店街。地元サッカーチームの浦和レッズのフラッグがはためいている。

クレアモール（川越新富町・川越サンロード商店街）（川越市）

—地元の努力が生んだ県下最大の商店街—

クレアモールは、川越新富町商店街と川越サンロード商店街の統一愛称である。東武・JR川越駅から北に約1,200m伸びており、飲食店から衣料品店・書店・美容室・スーパーマーケットなど幅広い商店が100以上集まり、

川越市民の生活を支えている。特に、東武東上線川越駅と西武新宿線本川越駅との間の商店街には若者向けの飲食店やファッションを扱った商店が並び、13時から18時の間が歩行者天国になっていることもあり、多くの若者で賑わっている。2009年に実施された調査によると、川越サンロード商店街の平日平均通行量は2万4,740人で県内第1位、川越新富町商店街は2万2,554人で県内第2位であった。この2つの商店街は、埼玉県内で唯一平日の平均通行量が2万人を超えている。全国的に、地方都市の商店街がシャッター通り化するなど厳しい状況にあるなかで、この商店街は例外的に賑わっている数少ない商店街の1つである。

　クレアモールと呼ばれる商店街は、川越駅と川越市役所を結ぶ道路として長い歴史を持っており、1964年に丸広百貨店が仲町からこの商店街に移転したのをきっかけに、川越市の商業中心地となった。その後、1980年代後半から川越新富町商店街と川越サンロード商店街の環境整備が検討され始めた。そのなかで出てきたのが、ショッピングモール化構想である。この構想は、両商店街のバリアフリー化や電線地中化を実施することで、美しい景観を備えた誰でも気軽に訪れることができる商店街をつくり、商店街の活性化を目指したもので、1995年から川越サンロード商店街の電線地中化工事が開始された。そして、1997年3月にショッピングモール化工事が開始され、同年4月に川越新富町商店街と川越サンロード商店街の統一愛称をクレアモールとすることが決まった。こうした地元商店街の努力によって、クレアモールは埼玉県を代表する活気ある商店街となったのである。

みやのかわ商店街 （秩父市）
—地域密着の福祉型商店街—

　埼玉県北西部に位置する秩父市は、人口約6.3万人を擁し、古くから秩父神社の門前町として栄え、市の面積の約87％が森林で占められている自然豊かな都市である。この秩父市の中心商店街が、みやのかわ商店街で、秩父鉄道秩父駅の西側に位置している。秩父駅前通りと駅前交差点を中心に、店舗数は105を数え、様々な個人商店が並ぶ。

　秩父市は、埼玉県内で高齢化率の高い地域の1つで、約2万人の高齢者が居住している。さらに、郊外への大型商業施設の出店により、市内中心部での買い物が困難な状況になっている。このようななかで、みやのかわ商店街では、主に高齢者を対象とした独自の取組みを実施している。1時

間800円のチケットを購入することで、買い物同伴などの外出支援や庭の手入れ、掃除などの家事援助、買い物の代行などの支援を受けることができる。その1つがシニアボランティアを中心とした「ボランティアバンクおたすけ隊」である。おたすけ隊として仕事をした人は、その実績を時間に応じて貯蓄し、それを自分自身や家族のために利用できるほか、秩父市の共通商品券を受け取ることもできる仕組みである。商店街が主体となって実施されている全国的にも珍しい福祉事業である。

　また、商店街の活性化策として始まったナイトバザールは、みやのかわ商店街が発祥で、現在では全国的に広まっている。みやのかわ商店街のナイトバザールは、地域の伝統的な祭りである「秩父の夜祭」から着想を得て、1987年に始まったイベントである。

　このように、秩父市のみやのかわ商店街は、山間の地方都市が抱える高齢化という問題に正面から取り組むと同時に、30年続くイベントを企画して、懸命に生残りを図っている商店街なのである。

熊谷鎌倉町商店街（熊谷市）
―日本で一番暑い商店街―

　人口約20万人の熊谷市は、県北部の中心都市であり、道路交通網や鉄道交通網が発達しており、交通の要衝地でもある。また、2007年8月に当時の観測史上最高気温である40.9℃を記録したことで一躍全国的に有名となり、これ以降、夏になると熊谷市の気温がたびたび報道されるようになった。熊谷市も、この夏の暑さを逆手にとって、「日本で一番暑い町」として宣伝するようになった。

　熊谷鎌倉町商店街は、秩父鉄道上熊谷駅と八木橋百貨店を結ぶ南北約300mの商店街である。八木橋百貨店は1927年設立の老舗百貨店で、埼玉県内初の百貨店である。近隣に郊外型の大型商業施設が開業した影響を受け、商店街では閉鎖店舗も目につくが、営業している商店には地元のなじみ客が集っており、昔ながらの雰囲気が残る商店街である。

　この商店街が、1年で最も盛り上がるのは、毎年7月に開催される「熊谷うちわ祭」である。この祭りは、鎌倉町商店街の西側にある八坂神社の例祭で、1750年に始まった歴史ある祭りで、12ある地区がそれぞれ山車を準備する。山車は、それぞれ地区別にデザインが異なり、見物客の目を楽しませてくれる。祭りの期間中は、熊谷駅や八木橋百貨店などの市中心部はたいへん賑わい、日本で一番暑い町が1年で最も熱くなる期間である。

花風景

日高市巾着田のヒガンバナ

地域の特色

　八王子構造線と呼ばれる明瞭な地形境界によって、3分の2の東部が関東平野、3分の1の西部が秩父山地となっている。関東平野は丘陵、台地、利根川・荒川などによる低地で構成され、秩父山地は2,000メートル級の山々が連なっている。古代の古墳も多く、近世になると街道が多く整備され、川越の城下町や大宮の宿場町が発展した。流路変更や運河による河川の治水・利水も進められ、干拓・新田開発も積極的に行われた。都市公園は多彩で古い太政官公園もある。太平洋側の暖温帯の気候となっている。

　花風景は、関東大震災復興や近世の堤防や観光地にちなむサクラ名所、近世の梅林や山野草の名所、国の特別天然記念物の古木、現代の都市公園の観賞用花畑、古代ハス、田園の山野草と変化に富んでいる。

　県花は、後述の主な花風景でも紹介する通り、サクラソウ科サクラソウ属のサクラソウ（桜草）である。川辺や林間や原野の湿性地に自生し、淡紅色や白色のハート型の花弁をつける美しく清楚な草花である。野生の自生地は減少しており、埼玉県の江戸時代から人々に愛されてきた群生地は貴重である。大阪府も府の花に制定している。

主な花風景

大宮公園のサクラ　＊春、日本さくら名所100選

　大宮公園は大宮駅から東北へ約1.5キロに位置する県立公園で、1885（明治18）年に太政官布告により氷川公園の名称で誕生し、本多静六林学博士による改良計画の結果、現在の大宮公園の原形ができた。氷川神社境内の一部が対象となっており、古い赤松林があったが、80（同13）年に、第2代埼玉県令白根多助がサクラを植えたとされる。1923（大正12）年の関東大震災後、ソメイヨシノの積極的な植樹が行われ、現在、約1,000本のソ

　凡例　＊：観賞最適季節、国立・国定公園、国指定の史跡・名勝・天然記念物、日本遺産、世界遺産・ラムサール条約登録湿地、日本さくら名所100選などを示した

メイヨシノが自由広場周辺に密集し植えられている。多くの文人にも愛され、正岡子規、永井荷風、寺田寅彦、樋口一葉、森鴎外、田山花袋といった文人たちが、その作品に大宮公園の描写をしている。広大な敷地内には、埼玉百年の森、日本庭園、運動施設の他、小動物園、児童遊園地などもある。

熊谷桜堤のサクラ　＊春、日本さくら名所100選

　熊谷桜堤は、熊谷駅南口から徒歩5分の荒川北岸の堤防の内にあり、荒川大橋付近から約2キロにわたり、約500本のソメイヨシノの並木となっている。1952（昭和27）年、荒川改修に伴い、新たな熊谷堤が築かれ、そこに熊谷市の市制施行20周年事業として植樹されたものである。

　もともとは、約400年前に鉢形城主北条氏邦が、荒川の氾濫に備えて築いた堤にサクラを植えたのが始まりといわれ、中山道の宿場町当時には、熊谷の花見として江戸まで聞こえたという。明治時代に入り、サクラは枯れてしまうが、1883（明治16）年、竹井澹如、高木弥太郎、林有章らが、熊谷桜の再現を考えて450本のサクラを東京から移植した。その後、サクラの植栽が続けられ、旧堤のサクラは約4キロ、1,000本に及び、奈良県の吉野、東京の小金井と並びサクラの三大名所と称され、1927（昭和2）年8月には史蹟天然記念物に指定された（54（同29）年、指定解除）。熊谷市にある万平公園には、旧熊谷堤が200メートルにわたって数本の老樹のサクラと共に残っており、「名勝熊谷堤碑」「熊谷裁桜碑」も残されている。当時、駅から近く、多くの文人墨客が訪れた。若山牧水は、20（大正9）年、長瀞秩父に向かう途上の熊谷で、「乗り換えの汽車を待つとて　出でて見つ　熊谷土堤のつぼみ櫻を」と詠んだ。

長瀞のサクラ　＊春、日本さくら名所100選

　長瀞には、周辺一帯で約3,000本に及ぶサクラが植えられ、3月下旬から4月下旬までさまざまなサクラが楽しめる。宝登山の山麓にある「通り抜けの桜」は、不動寺の裏山にあり、約500本、31種類のヤエザクラがある。「北桜通り」のサクラのトンネルは、長瀞駅から荒川に沿って高砂橋までの道2.5キロに、400本のサクラがある。「南桜通り」は、上長瀞駅前から長瀞駅前につながる秩父線の旧線路跡で、荒川の流れに沿って約1.5キロ、約200本のサクラがある。「野土山」はサクラの里とも呼ばれ、2ヘクター

ルに及ぶ敷地に数百本のサクラが咲く。「法善寺しだれ桜」は、樹齢百年の2本のシダレザクラで、枝の張りは東西16メートルにも及ぶ。「宝登山神社参道」は、長瀞駅から宝登山神社までの徒歩10分ほどの参道で、背の高いソメイヨシノの桜道となる。「桜の小道」は、上長瀞駅から長瀞駅方向へ300メートルほど、線路に覆いかぶさるようにサクラが咲く。「井戸の桜並木」は、荒川沿いの蓬莱島公園近くの町道に大ぶりのサクラの並木が続く。

石戸蒲ザクラ　＊春、天然記念物

　石戸蒲ザクラは、北本市石戸宿の東光寺にある樹齢約800年のサクラで、1922（大正11）年に国の天然記念物に指定された。同じ年に天然記念物に指定された三春滝桜などと合わせ、日本五大桜とも呼ばれる。サクラの名前は、源頼朝の異母兄弟、蒲冠者源範頼がこの地に逃れた際についてきた枝が根付いてサクラとなったという伝説に由来する。ヤマザクラとエドヒガンの自然雑種と考えられており、植物学上では「カバザクラ」という独立した和名が与えられていて、自生するものは東光寺にある蒲ザクラが唯一のものである。ソメイヨシノに比べて数日遅く開花する。現在のものは老木から株分けした2代目で、戦後、樹勢の衰えが著しく、昭和40年代には枯死寸前とまでいわれたが、樹勢回復策がとられ、近年は多くの花を咲かせるようになった。

越生梅林のウメ　＊冬

　越生町の越辺川沿いにある越生梅林は、約2ヘクタールの敷地に、樹齢200年を超える古木をはじめ約1,000本のウメが咲く。梅林周辺を含めると2万本のウメが植えられ、県内第1位のウメの収穫量と出荷量を誇る。一説には、越辺川の右岸、越生梅林と向かい合うように鎮座している梅園神社に、太宰府から天満宮を分祀する際に菅原道真にちなんでウメを植えたのが起源といわれる。文化文政期（1804～29年）に編纂された『新編武蔵風土記稿』の津久根村の項には、「土地梅に宜しく梅の樹を多く植ゆ、実を取って梅干として江戸へ送る。此辺皆同じけれど殊に当村に多しといふ」と記されている。1901（明治34）年、歌人佐佐木信綱はこの地を訪れ「入間川　高麗川　こえて　都より　来しかひありき　梅園のさと」などの句を詠んだ。

牛島の藤のフジ　＊春、特別天然記念物

　牛島の藤は、春日部市内、1874（明治7）年に廃寺となった真言宗蓮花院の境内にある。東武野田線（アーバンパークライン）「藤の牛島駅」から徒歩約10分のところにある。今は、有限会社藤花園によりフジの花の時期のみ公開されている。ここの九尺藤は、高野山にある文献（由来微証伝説）が伝えるところによると、弘法大師お手植えといわれ、推定樹齢1,200年という。フジでは唯一の国の特別天然記念物に指定されている。フジは花房が2メートルにもなり、藤棚は、東南に約34メートル、西北に約17メートルもある。詩人の三好達治は牛島古藤歌という詩を詠んでいる。

国営武蔵丘陵森林公園のヤマユリ　＊春

　国営武蔵丘陵森林公園は、最初の国営公園として1974（昭和49）年に開園した304ヘクタールの広大な公園で、毎年90万人ほどの利用者がある。雑木林を中心に、池沼、湿地、草地など多様な環境を有し、樹林内には、「野草コース」や「やまゆりの小径」があり、7月中旬～8月上旬には、約1万株のヤマユリが咲く。また、都市緑化植物園・見本園や花木園が整備されており、植物園展示棟を中心に、約45ヘクタールの広大なエリアでさまざまな季節の植物を見ることができる。

ところざわのゆり園のユリ　＊夏

　西武ドームに隣接するところざわのゆり園には、約3ヘクタールの自然林に、50種類、約45万株のユリが育てられており、毎年、6月上旬から7月上旬の間、開園している。園内一周約1,000メートルの「自然散策コース」と、約100メートルの「らくらく観賞コース」がある。2005（平成17）年6月、「ユネスコ村自然散策園・ゆり園」としてオープンし、その後、ユネスコ村が閉園し、07（同19）年より現在の名前になった。

古代蓮の里のハナハス　＊夏

　古代蓮の里は、行田市の古代蓮の種の発見現場近くにつくられた公園である。1971（昭和46）年、ゴミ焼却場を建設するため造成工事が行われ、焼却灰の処理場として隣接地を掘削したところ、その2年後に掘削で出来

た池にハスが開花した。掘り下げた土の中にあったハスの実が自然発芽したもので、原始的な形態を持つ特徴から古代蓮とされ、「行田蓮」と名付けられた。同時に出土した土器は縄文時代から平安時代にかけてのものとされ、ハスの実があった土壌から出土した木片は年代測定の結果、約1,400年前のものと推定された。総面積14ヘクタールの敷地内には、行田蓮を中心に、42種類約12万株のハナハスが咲き、他に、スイレン、アサザ、ミズカンナなどの水生植物が見られる。ハスに関するさまざまな資料を展示する古代蓮会館が設置されている。

日高巾着田のヒガンバナ ＊秋

　日高市高麗にある巾着田は、高麗川の蛇行でできた巾着のように見える形からその名が付いた。地元では川原田と呼ぶ。面積約17ヘクタールの園内には、数百万本ものヒガンバナの群落があり、散策路や雑木林などが整備されている。昭和40年代後半に、巾着田ダム（日高貯水池）計画のため巾着田の用地を当時の日高町が取得し、ダム計画が中止になった後の1989（平成元）年頃にふるさと創生事業として巾着田整備事業が始まり、草藪であった河川敷地の草刈りをし始めると、ヒガンバナの姿が見られるようになった。群生の規模が予想外に大きく、その美しさを報道機関などが紹介するようになり、多くの人々の関心を引くようになった。巾着田周辺にヒガンバナ群生地が形成された理由は、高麗川の蛇行により長い年月をかけて巾着の姿を形づくり、その内側に耕地が形成され、河川の増水時などに上流から流れてきた物の中に混じっていた球根が、漂着し根付いたためと考えられている。9月には、「巾着田曼珠沙華まつり」が開催される。近くからではなかなか巾着の形を実感することはできないが、日和田山の山頂に近い二の鳥居からは、巾着の形が見渡せる。

羊山公園のシバザクラ ＊春

　秩父市の市街地を一望できる高台にある羊山公園の「芝桜の丘」には、2000（平成12）年以来、広さ約1.7ヘクタールの斜面を利用して9種のさまざまな色のシバザクラが組み合わさって約40万株植栽されている。秩父夜祭の屋台や笠鉾の囃子手の襦袢の色合いと躍動感がデザインされている。公園の当初の設計を行ったのは、本多静六林学博士で、当時の設計図では、

現在よりも規模が小さいものの、自然を活かした公園が描かれた。シバザクラは、北アメリカ原産の多年草で、花の形がサクラに似て、芝のように地面をはって広がることから「芝桜」と呼ばれている。以前、めん羊を扱う「埼玉県種畜場秩父分場」があったことが「羊山」の名前の由来になったという。

桜草公園のサクラソウ　＊春、特別天然記念物

　桜草公園は、国の特別天然記念物に指定されている「田島ケ原のサクラソウ自生地」２カ所、計4.1ヘクタールの維持・保全を目的に、1974（昭和49）年に開設されたさいたま市営の都市公園で、16ヘクタールある。荒川流域には、かつて田島ケ原の他にもサクラソウ自生地が各所にあり、江戸時代から名勝地として親しまれていたが、その後開発などで失われ、大きな規模のものは約100万株が残る田島ケ原が唯一となっている。サクラソウは、県の花、市の花になっている。毎年４月の第３土日には「さくら草まつり」が開催される。

荒川花街道のコスモス　＊秋

　鴻巣市の糠田から明用までの荒川堤防沿いの長さ約4.5キロの街道には、「コスモスアリーナふきあげ」周辺の花畑を合わせ、約800万本を超えるコスモスが咲き誇る。1985（昭和60）年、合併前の吹上町の誕生30周年の記念事業として、土手や公共施設、民家の庭先にコスモスが植えられ、コスモスによる町づくりが進められた。2005（平成17）年の合併後は旧鴻巣地域までコスモスの植栽が延長された。街道沿いには、赤城山、筑波山、日光連山が展望できる荒川パノラマ公園や、国内最長（1,100メートル）の水管橋などがある。今では５月中旬から６月上旬にはポピーが咲き、秋にはコスモスが咲くことから「荒川花街道」と呼ばれている。

公園 / 庭園

さきたま古墳公園

地域の特色

　埼玉県は、1都6県に囲まれた関東地方中央の内陸県である。県面積はわが国39位であるが、人口はわが国5位（2015年）で、東京都心から50km圏内の住宅・工場は東京都の結びつきが強い。

　地形は八王子構造線と呼ばれる明瞭な地形境界によって、3分の2の東部が関東平野、3分の1の西部が秩父山地となっている。関東平野は狭山・比企などの丘陵、武蔵野・大宮などの台地、利根川・荒川などによる低地で構成されている。秩父山地は埼玉県西部から山梨県・長野県・東京都にかけて奥秩父と呼ばれ、2,000m級の山々が連なっている。奥秩父は山梨県の北奥千丈岳を最高峰とし、三国岳・甲武信ヶ岳が山梨・長野・埼玉県の県境をなし、山梨・埼玉県・東京都の県境に東京都最高峰の雲取山がある。埼玉県の最高峰は三宝山である。奥秩父の東に武甲山などの秩父山地に囲まれた秩父盆地があり、荒川・赤平川が流れだし、河岸段丘が秩父市街などを形成している。外秩父と呼ばれる盆地の東部や北部の山地は関東平野の眺望に優れ、史跡などが多い。

　埼玉県は狩猟・採集に関する遺跡など、先史時代の古くから人々の生活があったことがわかり、古代の古墳も多く見られる。武蔵の国の北半を占めているが、古代、中世と武士の戦乱の場となっていた。近世になると、江戸に近く、中山道・奥州街道・日光街道などが整備され、川越の城下町や大宮の宿場町などが発展し、特産物も生まれた。河川の治水・利水も進められ、流路変更・用水路・運河の建設、干拓・新田開発などが積極的に行われた。

　傑出した自然公園は少なく、秩父多摩甲斐国立公園も山梨県が核心部といえる。都市公園は歴史を反映して貝塚、古墳、城郭、運河、武蔵野など多彩であり、古い太政官公園もある。

主な公園・庭園

🏛 秩父多摩甲斐国立公園奥多摩　＊天然記念物

　秩父多摩甲斐国立公園は埼玉県・東京都・山梨県・長野県にまたがる奥秩父と奥多摩を中心とする公園である。西部の山梨県は花崗岩を主とするのに対し、東部の埼玉県は石灰岩を主としている。西の県境には埼玉県最高峰の三宝山（2,483ｍ）があり、南の県境には東京都最高峰として知られている雲取山（2,017ｍ）がある。

🏛 武甲県立自然公園武甲山

　埼玉県では秩父多摩甲斐国立公園に接して、北から西秩父・両神・武甲の３カ所の県立自然公園が並んでいる。武甲山（1,304ｍ）は三角形の秀麗な山であり、山自体がご神体であった。整った山や目立つ山は神奈備山、水分山などと呼ばれ、神体山の神様であった。しかし、セメントといえば秩父、宇部などが思い浮かぶように、武甲山はセメントの材料の石灰岩を採るために徐々に形を変えつつある。

🏛 両神県立自然公園両神山　＊日本百名山

　秩父多摩会甲斐国立公園に接して、両神山（1,723ｍ）を中心とする県立自然公園がある。古くからの修験道の霊山であった。峡谷はＶ字谷を刻み、八丁峠からの登山では鎖を伝って登る岩壁の鎖場がある。フクジュソウ群落、アカヤシオツツジなどの美しい自生地が見られる。東の四阿屋山の山麓には法養寺薬師堂などがある。

🏛 さきたま古墳公園　＊史跡、日本の都市公園100選、日本の歴史公園100選

　さきたま古墳公園は行田市の中心市街地の南に所在する。埼玉古墳群として1938（昭13）年に史跡指定された９基の古墳がある。９基のうち８基は前方後円墳で１基が円墳である。67（昭和42）年には「さきたま風土記の丘」として整備され、本格的な発掘調査が始まった。古墳は江戸時代から「丸墓山」や「将軍塚」などの名称で絵図などに描かれていたが、その後壊されてしまったものもあった。公園ではそれらの古墳を順次調査して復元整

備を進めており、約40haという広大な敷地に古墳時代の風景が蘇りつつある。

　調査と整備が最も進んでいるのは6世紀後半につくられた将軍山古墳で、削られてしまっていた東側の墳丘や二重の堀が復元されている。墳丘の中にある展示館では当時の埋葬の様子を見ることができる。8基ある前方後円墳で最も大きいのは中央にある二子山古墳で、主軸の長さは138mある。一方、最も小さな愛宕山古墳は53mで、さまざまな大きさの古墳を見ることができる。唯一の円墳の丸墓山古墳は直径105m、高さは約19mあり頂上からは周囲を一望できる。石田三成が忍城を水攻めしたときにその上に陣を張ったことでも知られている。

　稲荷山古墳は1937（昭和12）年に土を取る目的で前方部が壊されていたため発掘調査の対象になった。人を埋葬した主体部と呼ばれる施設から甲冑や馬具などの副葬品が出土し、中でも金錯銘鉄剣は古墳時代後期のものとされ、刻まれた銘文は日本の古代国家の歴史をひもとく重要な証拠であることがわかった。83（昭和58）年に「武蔵埼玉稲荷山古墳出土品」として国宝に指定され、公園内にあるさきたま史跡の博物館に展示されている。発掘調査の結果や古写真をもとに墳丘の傾斜などが慎重に検討され、前方部と周堀が復元された。埼玉古墳群のほか周辺にも多くの古墳群が確認されているが、墳丘が削られたり消滅したりして完全な形をとどめているものはわずかである。さきたま古墳公園は古墳を群で見ることができる貴重な場所になっている。

都 大宮公園　＊日本の都市公園100選

　さいたま市大宮駅の北東約1kmの市街地にある氷川神社の境内地につくられた公園である。明治維新によって官有となった氷川神社の土地を公園にしたいという地元の有志による働きかけがきっかけで、鉄道の大宮駅が開業した1885（明治18）年に氷川神社の例大祭にあわせて開園した。当時は氷川公園、大宮氷川公園と呼ばれていたが、1948（昭和23）年に大宮公園という名称になった。渋沢栄一邸や大隈重信邸の庭をつくった佐々木可村が公園づくりを担当し、明治時代の公園には梅や桜が植えられていたという。その後、公園の管理費を捻出するために旅館や茶店などに土地を貸し出し、一時は公園の3分の2を占領してしまった。このため、長岡安

平による公園の改良計画が提案されたが予算の都合で実現しなかった。1921（大正10）年に林学博士本多静六の設計で運動場や遊園地が整備され現在の姿になった。71（昭和46）年には公園内に埼玉県立博物館が開館した。上野の東京文化会館などを設計した前川國男によるもので、現在は埼玉県立歴史と民俗の博物館として利用されている。

都 草加松原と札場河岸公園　＊名勝

　草加松原は草加市に所在し、日光街道の草加宿の北の綾瀬川沿いに約1.5km続く松の並木道である。1792（寛政4）年には1,230本の松を植えたという記録があり、江戸時代の絵図にも松の並木が描かれている。1933（昭和8）年に国道の拡幅のために伐採が計画されたが、当時の草加町の住民の訴えでまもられた。環境の悪化で一時は約70本に減ったこともあったが、草加松並木保存会や市民有志の管理によって600本を超えるまでに回復した。風格のある古木が10本以上あり、陸橋の上から見下ろす松並木は壮観である。松尾芭蕉の旅の1日目の通過点だったことから「おくの細道の風景地」の一つとして2014（平成26）年に国の名勝に指定された。舟運が盛んだった頃の河岸が札場河岸公園として整備されている。

都 国営武蔵丘陵森林公園　＊国営公園、日本の都市公園100選

　東京の都心から約60kmの場所に位置し滑川町と熊谷市をまたぐ300haを超える広大な公園である。明治百年記念整備事業の一環で最初の国営公園として1974（昭和49）年に開園した。高度経済成長によって失われつつあった自然をまもり都市の人々が利用できるようにすることが目的とされた。静岡の富士山麓や東京湾岸など複数の候補地の中から、都心から比較的近く、まとまった自然が残る武蔵丘陵が選ばれた。計画では元の地形や植生に考慮し池沼は改造しないことなどが方針として示され、公園にはまったく手を加えない自然林のエリアと人が関わりながら管理をする管理林のエリアがつくられた。全国初の都市緑化植物園が77（昭和52）年から運営されている。植物園は公園の面積の約15%を占め、植物の展示だけでなく研究やワークショップの拠点にもなっている。

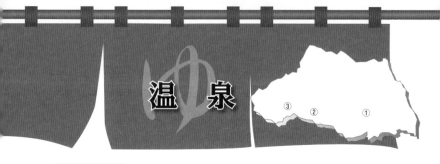

温泉

地域の特性

　埼玉県は、中部から東部にかけて広大な関東平野が広がり、西部は関東山地で構成される内陸県である。関東ローム層の平野部では早くから畑作が盛んで、野菜や花、茶などの商品作物が栽培されてきたが、近年では都市化が進んで宅地への転用が多くなっている。そこで、衛星都市が増加した結果、日本で市の数が最も多い県となっており、40市を数える。

　川越は小江戸といわれる城下町であり、蔵造の歴史的町並みが見事に保全され、天台宗関東総本山の喜多院も「川越大師」とよばれて、多くの信者が参詣に訪れる。近くにある古墳時代の遺跡の吉見百穴、さきたま風土記の丘なども整備されている。西部の秩父地方では、12月2～3日に豪華な笠鉾と屋台が引き回される秩父夜祭で知られ、江戸時代初期からの秩父神社の豊作祈願の伝統文化が継承されている。荒川上流の長瀞では、岩石段丘が削られてできた甌穴群が見られ、奇岩を眺めながらの川下りも楽しい。

◆旧国名：武蔵　県花：サクラソウ　県鳥：シラコバト

温泉地の特色

　県内には宿泊施設のある温泉地が22カ所あり、源泉総数は109カ所、湧出量は毎分2万ℓで全国31位である。42℃以上の高温泉は1割程度で少なく、加熱が必要な温泉地が多い。年間延べ宿泊客数は48万人で全国42位にランクされている。5万～8万人程度の宿泊客を受け入れているのは、都市ホテルで温泉施設がある新興温泉地であり、熊谷市の四季の湯、羽生市の羽生温泉、さいたま市のさくらそう温泉などである。一方、かつての秩父地方の温泉地として存在感のあった療養向きの柴原、保養向きの名栗、行楽によい両神などの温泉地は、宿泊客数が減少している。

主な温泉地

① 彩の国さくらそう　塩化物泉

　県南東部、さいたま新都心に誕生した新興温泉地である。簡易保険総合健康センター（ラフレさいたま）の6階に温泉プールや浴場施設を併設し、宿泊客に温泉を楽しんでもらうことを意図している（日帰り利用も可能）。源泉は34℃の塩化物泉であり、毎分260ℓを揚湯し、温泉プールにはこれに加水、加温をして利用している。この温泉施設があるので宿泊客も増え、年間5万6,000人を数えている。近年、熊谷市や羽生市でも市街地のホテルが温泉を利用して宿泊客を集めている傾向がみられる。

交通：JR高崎線さいたま新都心駅

② 名栗　放射能泉

　県南西部、名栗川の源流に近い山間部に位置する温泉地であり、泉質は放射能泉である。中世の鎌倉時代、1219〜21（承久年間）年頃に猟師が湯あみをしている鹿を発見して温泉の存在を知ったという。温泉宿の開業は大正時代であり、一軒宿の名栗ラジウム鉱泉として湯治客やハイキング客が訪れるようになった。創業当時には、名栗渓谷の自然美を愛した歌人若山牧水が夫人とともにたびたび投宿し、多くの文人墨客も訪れた。展望大浴場や露天風呂も設けられ、源泉の「木風呂」や貸切風呂もある。近くの名栗湖や名栗渓谷、子ノ権現、竹寺などを訪れるハイカーも多い。

交通：西武池袋線飯能駅、バス45分

③ 柴原　硫黄泉

　県南西部、三峰山北東麓の荒川上流に位置する温泉地である。柴原温泉は江戸時代の『新編武蔵風土記』に紹介されている秩父七湯の一つで、400年余りの歴史を有するという。以前は三峰神社の参詣客で賑わったが、近年では神社に近い大滝温泉三峰神の湯に宿泊する客が多い。

交通：秩父鉄道武州日野駅、送迎

執筆者 / 出典一覧

※参考参照文献は紙面の都合上割愛
しましたので各出典をご覧ください

Ⅰ　歴史の文化編

【遺　　跡】　石神裕之　（京都芸術大学歴史遺産学科教授）『47都道府県・遺跡百科』(2018)

【国宝 / 重要文化財】　森本和男　（歴史家）『47都道府県・国宝 / 重要文化財百科』(2018)

【城　　郭】　西ヶ谷恭弘　（日本城郭史学会代表）『47都道府県・城郭百科』(2022)

【戦国大名】　森岡浩　（姓氏研究家）『47都道府県・戦国大名百科』(2023)

【名門 / 名家】　森岡浩　（姓氏研究家）『47都道府県・名門 / 名家百科』(2020)

【博物館】　草刈清人　（ミュージアム・フリーター）・可児光生　（美濃加茂市民ミュージアム館長）・坂本昇　（伊丹市昆虫館館長）・髙田浩二　（元海の中道海洋生態科学館館長）『47都道府県・博物館百科』(2022)

【名　　字】　森岡浩　（姓氏研究家）『47都道府県・名字百科』(2019)

Ⅱ　食の文化編

【米 / 雑穀】　井上繁　（日本経済新聞社社友）『47都道府県・米 / 雑穀百科』(2017)

【こなもの】　成瀬宇平　（鎌倉女子大学名誉教授）『47都道府県・こなもの食文化百科』(2012)

【くだもの】　井上繁　（日本経済新聞社社友）『47都道府県・くだもの百科』(2017)

【魚　　食】　成瀬宇平　（鎌倉女子大学名誉教授）『47都道府県・魚食文化百科』(2011)

【肉　　食】　成瀬宇平　（鎌倉女子大学名誉教授）・横山次郎　（日本農産工業株式会社）『47都道府県・肉食文化百科』(2015)

【地　　鶏】　成瀬宇平　（鎌倉女子大学名誉教授）・横山次郎　（日本農産工業株式会社）『47都道府県・地鶏百科』(2014)

【汁　　物】　野崎洋光　（元「分とく山」総料理長）・成瀬宇平　（鎌倉女子大学名誉教授）『47都道府県・汁物百科』(2015)

【伝統調味料】　成瀬宇平　（鎌倉女子大学名誉教授）『47都道府県・伝統調味料百科』(2013)

【発　　酵】　北本勝ひこ　（日本薬科大学特任教授）『47都道府県・発酵文化百科』(2021)

| 【和菓子 / 郷土菓子】 | **亀井千歩子** （日本地域文化研究所代表）『47都道府県・和菓子 / 郷土菓子百科』(2016) |
| 【乾物 / 干物】 | **星名桂治** （日本かんぶつ協会シニアアドバイザー)『47都道府県・乾物 / 干物百科』(2017) |

Ⅲ　営みの文化編

【伝統行事】	**神崎宣武** （民俗学者）『47都道府県・伝統行事百科』(2012)
【寺社信仰】	**中山和久** （人間総合科学大学人間科学部教授）『47都道府県・寺社信仰百科』(2017)
【伝統工芸】	**関根由子・指田京子・佐々木千雅子** （和くらし・くらぶ）『47都道府県・伝統工芸百科』(2021)
【民　話】	**和久津安史** （昔話伝説研究会会員）/ 花部英雄・小堀光夫編『47都道府県・民話百科』(2019)
【妖怪伝承】	**飯倉義之** （國學院大學文学部准教授）/ 飯倉義之・香川雅信編、常光 徹・小松和彦監修『47都道府県・妖怪伝承百科』(2017) イラスト © 東雲騎人
【高校野球】	**森岡 浩** （姓氏研究家)『47都道府県・高校野球百科』(2021)
【やきもの】	**神崎宣武** （民俗学者）『47都道府県・やきもの百科』(2021)

Ⅳ　風景の文化編

【地名由来】	**谷川彰英** （筑波大学名誉教授)『47都道府県・地名由来百科』(2015)
【商店街】	**中山穂孝** （就実大学人文科学部講師）/ 正木久仁・杉山伸一編著『47都道府県・商店街百科』(2019)
【花風景】	**西田正憲** （奈良県立大学名誉教授)『47都道府県・花風景百科』(2019)
【公園 / 庭園】	**西田正憲** （奈良県立大学名誉教授）・**飛田範夫** （庭園史研究家）・**井原 縁** （奈良県立大学地域創造学部教授）・**黒田乃生** （筑波大学芸術系教授)『47都道府県・公園 / 庭園百科』(2017)
【温　泉】	**山村順次** （元城西国際大学観光学部教授)『47都道府県・温泉百科』(2015)

索　　引

あ　行

藍染ふる里資料館　93
悪竜退治と尻あぶり　125
朝霞　145
朝まんじゅうに昼うどん　94, 100
浅見　43, 44
阿佐美　45
あしがくぼ果樹公園村　66
小豆　54
小豆婆　128
遊馬　46
安部家　32
甘酒祭り（甘酒まつり）　89, 92
アマランサス　53
雨降れ降れ　123
あやひかり　52, 100
綾部家　32
新井　43
荒川花街道のコスモス　161
アワ　53
あんころ餅　97
いがまんじゅう（いが饅頭）　55, 60, 95, 98
池上遺跡　12
石戸蒲ザクラ　158
石焼き餅　95
伊勢の卵　77
板碑　18
イチゴ　64
1号機関車　18
いちごの里物産館　66
イチジク　65
一里飴　98
出雲祝神社　112
伊奈氏屋敷跡　26
稲荷山古墳　13
稲荷山古墳出土鉄剣　4
イノシシ鍋　88
猪鼻熊野神社　89, 92
猪俣氏　28
猪俣党　46
今井条理遺跡　94

芋菓子　94
いもせんべい　60
入間市博物館 ALIT　40
岩槻城　25
岩槻人形　120
ウイスキー　91
上尾高　134
上杉氏　28
上田氏　29
牛島の藤のフジ　159
打ちいれ　62
うどん　5
ウナギ料理　68
ウメ　65, 158
梅宮神社　92
浦和　145
浦和学院高　134
浦和高　134
うるち米　51
衛生煮　83
江戸木目込人形　119
えびし　98
エン麦　53
オイヌサマ　129
黄金めし　55
大岡家　32
オーサキ　129
太田氏　29, 31
大田窪地の鰻　86
大凧焼き　76
大沼焼　141
大宮　146
大宮駅東側地区　152
大宮工（高）　135
大宮高　134
大宮公園　164
大宮公園のサクラ　156
大宮の盆栽　5
大宮東高　135
大麦　101
小川青山在来大豆　101
小川和紙　5, 118
お切り込み　62
奥平家　32
越生梅林のウメ　158

越阪部　46
忍城　25
おせんさん　96
おっきりこみ　83, 91
オビシャ　56
おひら　109
オブゴ　129
おめん　62, 86

か　行

香鶏　72
カキ　64
釣上神明社　113
柿沼　44
葛西用水　54
菓子屋横丁の菓子　99
春日氏　29
春日部共栄高　135
春日部桐箪笥　118
片倉シルク記念館　42
学校給食歴館　41
河童　130
かてめし　130
角川武蔵野ミュージアム　41
金鑚神社の筒粥神事　105
金谷のもちつき踊り　56
金子氏　46
カボス　66
カロチンE卵　77
川口市　3
川越　146
川越芋　96
川越工（高）　135
川越高　135
川越市　3
川越城　7, 23
川越城下町　4
川越市立博物館　39
川越新富町・川越サンロード商店街　153
『川越地方昔話集』　122
川越氷川神社　112
川越氷川祭　107
川越まつり　107

川幅	2
歓喜院聖天堂	3, 19
喜多院	19
狐・狸・ムジナ	130
キヌヒカリ	52
キビ	53
キューポラ定食	76
旧煉瓦製造施設	20
行田在来	101
行田市郷土博物館	38
行田足袋	121
行田フライ	101
享徳の乱	7
熊井焼	141
熊谷	146
熊谷氏	45
熊谷鎌倉町商店街	155
熊谷高	135
熊谷桜堤のサクラ	157
熊谷市	3
熊谷商	136
熊谷市立荻野吟子記念館	42
暗闇から牛でござる	124
クリ	63
栗原	43
クレアモール（川越市）	153
黒沢	44
クワイ	84
くわいご飯	55
軍配煎餅	76
ケツアブリの小麦饅頭	97
ケヤキ	4
けんちん汁	83
鯉こく	84
コイ料理	68
糀カレー	92
高台院	111
紅茶	91
ゴールデンポークのハム・ソーセージ	71
五家宝	96, 101
国営武蔵丘陵森林公園	165
五穀牛	70
越谷かもねぎ鍋	75
コシヒカリ	51
呉汁うどん	91
コスモス	161
古代蓮の里のハナハス	159
古代豚	71
児玉党	45
小麦	52, 100

小麦まんじゅう（小麦饅頭）	59, 94, 97
狐狸の化かし話	128
権田愛三	94, 102

さ 行

西行戻しの橋	125
埼玉	47
埼玉青ナス	84
埼玉県こども動物自然公園	36
埼玉県平和資料館	39
埼玉県立川の博物館	37
埼玉県立さきたま史跡の博物館	38
埼玉県立自然の博物館	37
埼玉県立嵐山史跡の博物館	41
埼玉県立歴史と民俗の博物館	35
彩たまご	77
埼玉栄高	136
さいたま市	2, 3
さいたま市岩槻人形博物館	39
さいたま水族館	37
埼玉大豆	101
埼玉ピースミュージアム	39
さいたま文学館	42
道祖土	48
彩のかがやき	51
彩のきずな	52
彩の国（黒豚）	71
彩の国さくらそう	167
彩の国地鶏タマシャモ	72, 77
彩の夢味牛	70
サウジウナギ	68
左衛門三郎	48
魚の和梨ソースかけ	66
埼玉稲荷山古墳出土品	17
埼玉古墳群	4
さきたま古墳公園	163
サクラ	156, 157
サクラソウ	4, 161
桜草公園のサクラソウ	161
さけ武蔵	52
サツマイモ	5, 86
さつまだんご	59
さつま団子	98
さとのそら	52, 100

狭山茶	6
山王焼	140
塩飴びん	98
志木	147
猪肉	72
猪肉の味噌漬け	73
柴崎	44
シバザクラ	160
柴原	167
ジビエ料理	73
渋沢栄一記念館	40
渋沢家	33
下老袋氷川神社	92
しゃくし菜漬け	91
しゃく菜	86
秀源寺	114
十万石相傳カステラ	76
十万石まんじゅう	61, 98
秀明高	136
寿能泥炭層遺跡	13
浄業庵	111
醸造用米	52
焼酎	90
招福たまご	77
醤油	80, 87, 90
醤遊王国	93
食塩	80
シラコバト	78
白子焼	140
白鬚神社	113
市立浦和高	134
四里餅	98
真福寺貝塚	12
森林公園	165
スイートコーン	53
すいとん	83
SKIPシティ映像ミュージアム	42
すったて	91
砂川遺跡	11
強矢	46
すまんじゅう	92
酢饅頭	95
すみつかれ	109
スモモ	65
ずりあげ	62
聖望学園高	136
草加せんべい（草加煎餅）	5, 60, 92, 94, 96
草加松原	165
袖ひき小僧	130

そば	54	長瀞のサクラ	157	ヒガンバナ	160
た 行		なか町商店街（さいたま市		比企氏	7
		浦和区）	153	ひきずりだし	62
代	47	名栗	167	備前渠用水	55
大豆	54	なしのしゃきしゃきジュレ		日高巾着田のヒガンバナ	
ダイダラボッチ	128, 130	風	66		160
田植えだんご	59	七不思議	131	日高の大男ダイダラ坊	126
高野	44	ナマズ料理	68	羊山公園のシバザクラ	160
田島	44	並木	44	一つ目のお化け	131
たまごかけご飯のたれ	87	滑川総合高	136	冷や汁と冷や汁うどん	83
玉敷神社	113	滑川町エコミュージアムセ		昼間	47
たんぎくどんの仕事は弁当		ンター	41	深谷牛	70
	126	なめがわもつ煮	72	深谷商	137
だんご	58	成田氏	30	深谷ねぎ汁	84
だんご汁	83	西条原鷲宮神社	92	武甲県立自然公園武甲山	
炭酸饅頭	95	二条大麦	52		163
丹治氏	46	煮ぼうとう	61, 83, 91	武甲山資料館	42
丹党	46	日本工業大学工業技術博物		フジ	159
秩父おなめ	91	館	38	藤田氏	30
秩父かぼす	66	日本酒	90	武州和牛	69
秩父市	3	日本ナシ	63	豚丼	71
秩父神社	111	沼小僧	131	豚肉の味噌漬け	86
秩父多摩甲斐国立公園奥多		根岸	44	札場河岸公園	165
摩	163	ねぎ味噌せんべい	92	豚玉毛丼	76
秩父地方の花のまつり	106	ねじ	62	ブドウ	64
秩父みそ	80, 87	のらぼう菜の肉巻き	70	船川家	33
秩父銘仙	117	**は 行**		船水車	95
秩父夜祭	5, 55, 108			フライ	75
廿浦	48	パインサラダ	66	ブラックベリー	66
筒粥神事	105	麦翁	94, 102	ブルーベリー	63
つみっこ	83, 85	白鷺宝	98	ブルーベリーマフィン	66
手打ちうどん	61	裸祭り	56	プルーン	65
勅使河原	47	はだか麦	53	紅赤	97
鉄道博物館	36	畠山氏	7	法華経一品経	17
天狗	130	鉢形城	23	干ししいたけ	88
東沼神社	114	初雁しょうゆ	87	細川紙	118
トウモロコシ	53	初雁の里もろみ漬け	87	本庄氏	30
所沢航空発祥記念館	39	初雁焼き	60, 97	本庄第一高	137
所沢商	136	初山参り	97	**ま 行**	
ところざわのゆり園のユリ		鳩ケ谷	147		
	159	花咲徳栄高	137	間瀬堰堤	54
戸田市立郷土博物館	40	ハナハス	159	マタギ料理	73
舎利弗	48	花御堂	106	松井家	34
とまとルンルン揚げ餃子	72	塙保己一記念館	40	松木遺跡	11
戸谷家	33	ハマボウフラ	84	松山城	24
泥生け	68	飯能市立博物館	41	間庭の甘酒まつり	92
どんどん焼き	61	飯能焼	139	饅頭講	97
な 行		ビール	91	ミカン	65
		東金子窯跡群	15	水子貝塚	11
長井氏	30	東松山の焼き鳥（焼きとん）		味噌	80, 87, 90
長瀞	4		71	みそだれ	87

味噌つけまんじゅう　　98
みそポテト　　92
三峰山博物館　　40
見沼代用水　　54
見沼の龍神　　132
峰の雪もち　　52
宮根　　47
みやのかわ商店街（秩父市）　　154
妙安寺　　112
麦ご飯　　85
麦とそば　　124
椋神社御田植祭　　56
国営武蔵丘陵森林公園のヤマユリ　　159
武蔵国　　6
武蔵七党　　6, 45
『武蔵の昔話』　　123
もち米　　52

や 行

矢尾家　　34
焼き鳥のたれ　　87
焼きびん　　61
八坂神社　　92
やったり踊　　107
山崎家　　34
ヤマユリ　　159
ユズ　　65
柚子コショウ　　88
茹で饅頭　　95
ユリ　　159
洋梨のケーキ　　66
横田家　　34
吉見百穴　　4, 14
四方田　　48

ら 行

立教新座高　　137
両神県立自然公園両神山　　163
リンゴ　　65
六条大麦　　53
六丁目橋の怪音　　132

わ 行

ワイン　　90
鷲宮催馬楽神楽　　105
鷲宮神社　　115
鷲宮神社の祭礼と神楽　　105
わらじかつ丼　　72
蕨　　147
蕨城　　24

47都道府県ご当地文化百科・埼玉県

令和 6 年 7 月 30 日　発　行

編　者　　丸　善　出　版

発行者　　池　田　和　博

発行所　　丸善出版株式会社
　　　　　〒101-0051 東京都千代田区神田神保町二丁目17番
　　　　　編集：電話 (03)3512-3264／FAX (03)3512-3272
　　　　　営業：電話 (03)3512-3256／FAX (03)3512-3270
　　　　　https://www.maruzen-publishing.co.jp

組版印刷・富士美術印刷株式会社／製本・株式会社 松岳社

ISBN 978-4-621-30934-6　C 0525　　　　　　　Printed in Japan

【好評既刊 ● 47都道府県百科シリーズ】

(定価：本体価格3800〜4400円＋税)

47都道府県・**伝統食百科**……その地ならではの伝統料理を具体的に解説

47都道府県・**地野菜/伝統野菜百科**……その地特有の野菜から食べ方まで

47都道府県・**魚食文化百科**……魚介類から加工品、魚料理まで一挙に紹介

47都道府県・**伝統行事百科**……新鮮味ある切り口で主要伝統行事を平易解説

47都道府県・**こなもの食文化百科**……加工方法、食べ方、歴史を興味深く解説

47都道府県・**伝統調味料百科**……各地の伝統的な味付けや調味料、素材を紹介

47都道府県・**地鶏百科**……各地の地鶏・銘柄鳥・卵や美味い料理を紹介

47都道府県・**肉食文化百科**……古来から愛された肉食の歴史・文化を解説

47都道府県・**地名由来百科**……興味をそそる地名の由来が盛りだくさん！

47都道府県・**汁物百科**……ご当地ならではの滋味の話題が満載！

47都道府県・**温泉百科**……立地・歴史・観光・先人の足跡などを紹介

47都道府県・**和菓子/郷土菓子百科**……地元にちなんだお菓子がわかる

47都道府県・**乾物/干物百科**……乾物の種類、作り方から食べ方まで

47都道府県・**寺社信仰百科**……ユニークな寺社や信仰を具体的に解説

47都道府県・**くだもの百科**……地域性あふれる名産・特産の果物を紹介

47都道府県・**公園/庭園百科**……自然が生んだ快適野外空間340事例を紹介

47都道府県・**妖怪伝承百科**……地元の人の心に根付く妖怪伝承とはなにか

47都道府県・**米/雑穀百科**……地元こだわりの美味しいお米・雑穀がわかる

47都道府県・**遺跡百科**……原始〜近・現代まで全国の遺跡＆遺物を通観

47都道府県・**国宝/重要文化財百科**……近代的美術観・審美眼の粋を知る！

47都道府県・**花風景百科**……花に癒される、全国花物語350事例！

47都道府県・**名字百科**……NHK「日本人のおなまえっ！」解説者の意欲作

47都道府県・**商店街百科**……全国の魅力的な商店街を紹介

47都道府県・**民話百科**……昔話、伝説、世間話・・・語り継がれた話が読める

47都道府県・**名門/名家百科**……都道府県ごとに名門/名家を徹底解説

47都道府県・**やきもの百科**……やきもの人国の地域性を民俗学的見地で解説

47都道府県・**発酵文化百科**……風土ごとの多様な発酵文化・発酵食品を解説

47都道府県・**高校野球百科**……高校野球の基礎知識と強豪校を徹底解説

47都道府県・**伝統工芸百科**……現代に活きる伝統工芸を歴史とともに紹介

47都道府県・**城下町百科**……全国各地の城下町の歴史と魅力を解説

47都道府県・**博物館百科**……モノ＆コトが詰まった博物館を厳選

47都道府県・**城郭百科**……お城から見るあなたの県の特色

47都道府県・**戦国大名百科**……群雄割拠した戦国大名・国衆を徹底解説

47都道府県・**産業遺産百科**……保存と活用の歴史を解説。探訪にも役立つ

47都道府県・**民俗芸能百科**……各地で現存し輝き続ける民俗芸能がわかる

47都道府県・**大相撲力士百科**……古今東西の幕内力士の郷里や魅力を紹介

47都道府県・**老舗百科**……長寿の秘訣、歴史や経営理念を紹介

47都道府県・**地質景観/ジオサイト百科**……ユニークな地質景観の謎を解く

47都道府県・**文学の偉人百科**……主要文学者が総覧できるユニークなガイド